Georgia Mix

Bis hierhin oder weiter

Über die Autorin

Georgia Mix ist christliche Beraterin und Mitglied von *Sunrise e. V.* (www.sunrise-online.de). Sie ist verheiratet und hat drei Töchter. Soweit es das Familienleben zulässt, ist sie als Referentin unterwegs.

www.lebensberatung-mix.de

Georgia Mix

Bis hierhin oder weiter

Die Grenzen unseres Lebens erweitern

Gerth Medien

MIX
Papier aus verantwortungsvollen Quellen
FSC® C014889

Verlagsgruppe Random House FSC® N001967
Das für dieses Buch verwendete FSC®-zertifizierte Papier
Munken Premium Cream liefert Arctic Paper Munkedals AB, Schweden.

1. Auflage 2014
Bestell-Nr. 816988
ISBN 978-3-86591-988-5

Umschlagfoto: Shutterstock
Umschlaggestaltung: Daniel Eschner
Satz und Gestaltung: DTP Verlagsservice Apel, Wietze
Druck und Verarbeitung: Friedrich Pustet, Regensburg
Printed in Germany

Für Marie, Hannah und Lilly

Inhalt

Vorwort

„Gaben und Grenzen bedingen sich." Dieser Satz meines früheren Lehrers prägt mich bis heute. Es gibt keine Begabung, die nicht gleichzeitig auch ein Hinweis auf eine Begrenzung ist. Und auf der anderen Seite ist es spannend, die Grenzen dahingehend zu durchleuchten, wo sich vielleicht Hinweise auf Begabungen verbergen. Denn jede Grenze ist immer auch Hinweis auf eine Gabe.

Georgia Mix setzt sich in diesem Buch mit einem spannenden Thema auseinander. Es ist ein Abenteuer, sich auf die Erforschung unserer Grenzen zu begeben. Manche Entdeckungen bringen uns dabei förmlich an unsere Grenzen. Aber es ist gut, sich dem auszusetzen. Gott hat uns nicht als perfekte, sondern als ergänzungsbedürftige Wesen geschaffen. Damit sind die Grenzen von vorneherein angelegt. Auf die Suche nach unseren Grenzen zu gehen, bedeutet damit, dass wir Gottes Spuren in unserem Leben verfolgen und entdecken, was er in uns hineingelegt hat. Dabei müssen Grenzen nicht ein für alle Mal festgesteckt sein. Aber sie bilden einen guten Ausgangspunkt und bereichern uns genauso wie unsere Begabungen.

Georgia Mix hat ein wunderbar anregendes Buch geschrieben, das uns hilft, uns unseren Grenzen zu stellen. Dabei schreibt sie nicht als abstrakte Betrachterin, sondern als „Betroffene", die uns in ihr Leben blicken lässt und uns damit ermutigt.

Ich freue mich, wenn dieses Buch dazu dient, dass Sie Ihre Grenzen ganz neu wahrnehmen, annehmen und erweitern können.

„Nimm ein das gute Land, das Gott dir gibt." Dieser Refrain eines alten Gnadenthaler Liedes bringt es auf den Punkt: Gott lädt uns ein, das gute Land einzunehmen. Und Georgia Mix ist uns dabei eine gute Wegbegleiterin.

Klaus Göttler,
Dozent an der Evangelistenschule Johanneum Wuppertal und stellvertretender Vorsitzender von proChrist

Einleitung

„Mama, es ist schon lustig, dass Gott Italien wie einen Stiefel geformt hat. Es ist sicher ein sehr lustiges Land. Ich freu mich darauf." Wir planen unseren ersten Sommerurlaub in Italien. Um meinen Kindern einen Eindruck vom Reiseziel zu schenken, sitzen wir gemeinsam vor der Landkarte. Ich kann meiner Tochter nur zustimmen. Es ist wirklich lustig, dass Gott Italien in Form eines Stiefels geschaffen hat. Italien hat damit wohl eine der markantesten Landesformen, die ich kenne.

Jedes Land hat Grenzen. Ausnahmslos. Sie sind wichtig, weil sie geografisch festlegen, was zu dem entsprechenden Land gehört und was nicht. Ein Land existiert quasi erst durch seine Abgrenzung. Die Grenzen verleihen dem Land die charakteristische Form und bestimmen die entsprechende Größe.

Genauso verhält es sich mit unserem Leben und unserer Persönlichkeit. Wir haben Grenzen. Unser Land hat Grenzen. Sie schenken uns einen einzigartigen Rahmen. Sie machen uns unverwechselbar, kennzeichnen und schützen uns.

Doch diese positiven Eigenschaften unserer Grenzen gehen uns häufig verloren und so erleben wir sie als Herausforderung und immer wieder auch als Überforderung. Unsere Grenzen werden uns zur Bedrohung. Zum einen, weil sie uns deutlich machen, wer wir gerade nicht sind und was wir gerade nicht können. Zum anderen aber auch, weil uns die Umstände unseres Lebens einengen. Sie setzen unserem Leben Grenzen, die uns scheinbar machtlos machen.

Wir gehen auf zwei unterschiedliche Arten mit unseren Grenzen um. Entweder werden wir zum *Grenzgänger* und versuchen mit aller Kraft unsere Grenzen zu dehnen und gegen sie anzukämpfen – koste es, was es wolle. Oder wir werden zum *Grenzvermeider*, der gar nicht erst wagt an seine Grenzen zu gehen. Er zieht sich zurück, weil er sich selbst nicht viel zutraut.

Doch ganz gleich, wie wir mit unseren Grenzen umgehen. Uns eint eines: Unsere Grenzen beschäftigen uns so sehr, dass wir ganz vergessen, dass wir innerhalb unserer Grenzen auch noch ein Land zur Verfügung haben.

Unsere Grenzen verleihen unserem Land lediglich seine individuelle Form. So ist das eine Land rund und klein, das andere eher kantig, dafür ein wenig größer. Jedes Land hat zusätzlich seine unverwechselbare Landschaft. Während das eine einer Berglandschaft mit hohen, steinigen Gipfeln und tiefen, schattigen Tälern gleicht, befindet sich im anderen eine üppig grüne Ebene mit einem großen Fluss, der sich mitten durch das Land schlängelt. In dem einen Land scheint ständig die Sonne und es ist warm und herzlich dort, in einem anderen Land hängen Wolken am Himmel, die sich einfach nicht auflösen wollen. Manche Länder sehen äußerlich wunderschön aus, andere entfalten ihre Schönheit erst nach mehrmaliger Betrachtung. Aber egal, wie groß oder klein dieses Land auch sein mag – jeder von uns besitzt eines. Es ist das Land, das sich Gott, unser Schöpfer, für uns gedacht hat, als er uns schuf. Wir dürfen es voll ausschöpfen, uns daran erfreuen und beginnen, dieses Land einzunehmen. Auf diese Weise können wir den Reichtum, der unserem Landesinneren zugrunde liegt, entdecken und heben. Wir können lernen, unsere Gaben und unser Potenzial auszuschöpfen und ganz bei uns ankommen. Wir werden Bürger unseres eigenen Landes.

Doch bei dieser Landnahme handelt es sich um kein 10-Schritte-Konzept, das abgearbeitet werden kann, um möglichst schnell und mit wenig Aufwand unser Land einzunehmen. Vielmehr ist es ein Weg, den wir Schritt für Schritt einschlagen können, ganz nach dem Tempo, das gut für uns ist. Doch wir gehen nicht allein, denn wir dürfen uns gemeinsam mit unserem Schöpfer – der uns durch und durch kennt – auf unsere Entdeckungsreise begeben. Mal gibt es dabei Wegstrecken, die leicht zu gehen sind und wir hüpfen und tanzen fröhlich voran. Mal sind die Wege schwerfällig und zäh und wir schleppen uns vorwärts, gehen fünf Schritte zurück, um dann wieder einen nach vorn zu laufen.

Doch auf diese Weise erlangen wir eine Ahnung von der ganzen Fülle und dem großen Reichtum, den Gott uns in Jesus Christus zusagt: „Ich aber bin gekommen, um ihnen

Leben zu bringen – Leben in ganzer Fülle“ (Johannes 10,10 NGÜ).

An der Hand Jesu, der gekommen ist, damit wir unser Leben in ganzer Fülle kennenlernen können, dürfen wir unser Land einnehmen lernen. Wir dürfen die Vielfalt unserer Landschaften entdecken, uns daran erfreuen und darüber staunen. Der Gewinn dieser Entdeckungstour ist unbezahlbar. Es ist eine Reise, die unser ganzes Leben hier auf Erden andauern wird, denn sie findet erst in der Ewigkeit ihre volle Erfüllung. Aber heute kann sie starten.

1
Jedes Land hat Grenzen

Ich kann mich noch gut daran erinnern, wie ich als kleines Mädchen mit meiner Oma das erste Mal in die damals noch existierende DDR gefahren bin. Meine Oma wollte dort ihre Tochter, also meine Tante, besuchen, die sie schon länger nicht mehr gesehen hatte. Damit meine Oma nicht so allein reisen musste, begleitete ich sie.

Das spannende an dieser Reise war in meinen Augen jedoch der Grenzübergang: Jeder, der in die DDR einreisen wollte, musste den Weg über eine Grenzstation nehmen. Hier bildeten sich häufig lange Warteschlangen, da die Identität der Einreisewilligen von den Grenzbeamten genau überprüft wurde. Die Wachposten wirkten streng und unheimlich auf mich. Es lag ganz in ihrer Hand, ob wir unsere Reise fortsetzen durften oder nicht. Verdächtig erscheinende Autos mussten zur Seite fahren, teilweise wurden diese sogar bis in den letzten Winkel auseinandergenommen und kontrolliert. Als Kind empfand ich die Atmosphäre daher düster und

Angst einflößend. Unsere Einreise in unser Urlaubsland gehörte absolut zum aufregendsten Teil der gesamten Reise. Sie machte unsere Fahrt zu einem richtigen Abenteuer.

Ich habe den Eindruck, dass es sich in unserem Leben häufig genauso verhält. Die Grenzen unseres Lebenslandes nehmen unsere Aufmerksamkeit am stärksten in Anspruch. Zum einen zeigt sich hier, was uns von unseren Mitmenschen unterscheidet und abhebt. Zum anderen machen uns unsere Grenzen allerdings auch deutlich, was wir gerade *nicht* können und was wir eben *nicht* haben. Ganz nach dem Sprichwort: „Auf der anderen Seite ist das Gras immer grüner."

Spannung wird immer dort erzeugt, wo wir Begrenzungen erleben. Da ist der Superheld im Film, der innerhalb weniger Stunden die Zerstörung der Welt verhindern muss und wir sitzen gespannt vor dem Fernseher, fiebern mit und leiden an seinen Herausforderungen. Wird er es schaffen oder nicht? Werden die Menschen umkommen oder wird er die Menschheit vor dem Untergang retten? Oder das sympathische Gauner-Team, das einen scheinbar unerreichbaren und gut gesicherten Schatz rauben will und vor einer beinahe unlösbaren Situation steht. Werden sie einen Weg finden, dennoch an den Schatz zu gelangen? Werden sie schlauer sein als ihr Gegenspieler und die vermeintlichen Sicherungen durchbrechen?

Auch in unserem Leben liegt die Spannung in der Begrenzung. Denn hier, an den Grenzen unseres Landes, scheint der Scheitelpunkt unserer Identität zu liegen. Wir laufen Gefahr zu glauben, dass uns allein unsere Grenzen definieren. Wie bei der Identitätsüberprüfung am Grenzübergang, entscheidet sich hier vermeintlich, wer wir wahrhaftig sind. An diesem Punkt, so denken wir, wird es sich zeigen: Hopp oder Topp? In oder Out? Stopp oder Go? Werden wir dem Identitätscheck standhalten können oder nicht?

Doch in dieser Anziehungskraft, die unsere Grenzen auf uns ausüben, liegt die Gefahr, dass wir vergessen, dass sie im Grunde gar nicht das Ziel unserer Reise sind.

Die Bedeutung unserer Grenzen

Unsere Grenzen üben auf uns eine große Faszination aus, da sich an ihnen angeblich entscheiden wird, wer oder was wir eigentlich sind. Dabei geben uns unsere Grenzen lediglich einen Rahmen vor, in dem sich unsere Identität entfalten kann. Die deutschen Landesgrenzen beschreiben schließlich auch nur den Rahmen unseres Landes. Das, was Deutschland jedoch ausmacht, ist mehr als nur die Form. Den unverwechselbaren Charakter erhält es durch die jeweiligen Landschaften, das entsprechende Klima, die geografische Lage und nicht zuletzt die unterschiedliche Mentalität der Bürger. So kann das Land im Norden ganz anders wirken als im Süden, obwohl wir noch immer von ein und demselben Land sprechen.

Gleichzeitig sind unsere Grenzen für uns aber auch wichtig, weil sie unser Leben an vielen Stellen erleichtern. Vor zwei Tagen spielten unsere Kinder mit ihren Kettcars und dem Bobby Car auf der Straße vor unserem Haus. Unsere jüngste Tochter fürchtet sich vor Hunden und sie bringt sich ganz schnell in Sicherheit, sobald sie einen Hund auch nur von Weitem erblickt. Ich kam also gerade aus dem Haus, um nach meinen Kindern zu schauen, als ich sah, dass sich ein Hundehalter mit seinem angeleinten Hund unserer Tochter näherte. Genau in diesem Moment erblickten ihre panischen Augen den Vierbeiner. Doch es war zu spät. Sie hatte keine Möglichkeit mehr, um an einen sicheren Ort zu fliehen. Ich war sehr gespannt, wie sie ihre missliche Lage klären würde und rechnete damit, dass sie anfangen würde, panisch zu weinen und nach mir zu rufen. Doch sie löste ihre Situation auf ihre Weise: Sie duckte sich und schloss ihre Augen ganz fest. In dieser Haltung blieb sie regungslos auf ihrem kleinen roten Auto sitzen, während der Hund direkt neben ihr herlief. Sie muss den Atem dieses Hundes gespürt haben, so nah ging er an ihr vorbei. Wenig später spähte sie aus ihrer gebeugten Haltung heraus, um auszutesten, ob sie wieder in Sicherheit war. Ihr Körper entspannte sich sichtbar, als sie erkannte, dass sich die Gefahrenquelle weit genug entfernt hatte. Sie setzte ihr Spiel fröhlich fort, als wäre nichts passiert.

Unserer Tochter half in diesem Fall ihre Begrenzung, die Spannung auszuhalten und ihre ausweglose Situation zu ertragen. Die Beschränkung erleichterte ihr in diesem Moment ihr Leben.

Begrenzungen tun uns hin und wieder gut. In einer Welt, die immer grenzloser wird, ist eine Begrenzung hilfreich und wohltuend. Wenn ich als Kind schwimmen gegangen bin, dann hatten wir ein Schwimmbecken zur Verfügung, in dem uns die Zeit nie langweilig wurde. Gehe ich heute mit unseren Kindern schwimmen, dann gibt es ein Babybecken, ein Kleinkindbecken, ein Kinderbecken zum Toben und eines zum Schwimmen, einen Whirlpool, ein Ruhebecken, ein Sportbecken, ein Abenteuerbecken, ein Entspannungsbecken und so weiter. Die Auswahl ist so groß, dass wir bei einem Besuch gar nicht alle Möglichkeiten des Erlebnisbades ausschöpfen können. Die Bandbreite der Möglichkeiten ist in unserer Zeit so groß geworden, dass sie uns manchmal schon überfordern kann. Immer wieder sind wir angehalten, in kleinen und in großen Dingen Entscheidungen zu fällen. Unsere Begrenzungen können uns in dieser Hinsicht hin und wieder unser Leben sogar sehr erleichtern.

Und nicht zuletzt sind Grenzen für uns wichtig, weil sie uns vor Verausgabungen und Gefahren bewahren. In stressigen Lebensphasen können uns beispielsweise unsere körperlichen Grenzen vor schlimmeren gesundheitlichen Schäden bewahren, indem sie uns signalisieren, dass wir Erholungspausen und Auszeiten benötigen. Unsere Grenzen sind an diesem Punkt für uns wichtig – oft auch lebenswichtig.

Grenzen, die wir akzeptieren können

Es gibt Grenzen, die können wir gut akzeptieren, weil sie uns nicht weiter berühren. Die folgende Begebenheit illustriert dies hervorragend: Ein älteres Ehepaar aus unserer Gemeinde unterstützt uns hin und wieder mit Rat und Tat bei der

Gartenarbeit. Als wir nach einem Gottesdienst wieder einmal beisammenstanden, um unseren gemeinsamen Garteneinsatz zu planen, erklärte unser Helfer seinem Freund: „Die Familie Mix hat ja keine Ahnung von Gartenarbeit und deswegen helfen wir ihnen.“ Er hatte recht. Wir haben einfach zu wenig Ahnung von Gartenarbeit. Aus tiefstem Herzen kann ich sagen: „Ich bin kein Gartenfachmann.“ Und deshalb ärgert mich solch ein Kommentar nicht. Er berührt mich nicht und ich kann diese Begrenzung leicht hinnehmen. Damit kann ich leben.

Nicht vorhandene Gaben und Fähigkeiten, die für uns keinen hohen Stellen*wert* haben, können wir gut akzeptieren, ohne darunter zu leiden. Sie bedeuten uns nicht so viel und sind damit für uns nicht weiter erstrebenswert. Es bereichert uns sogar, dass andere Menschen anders sind und uns mit ihren eigenen Gaben ergänzen. Diese Grenzen können wir annehmen, weil sie für uns nicht weiter relevant sind.

Grenzen, die uns herausfordern

Doch es gibt auch Grenzen, die uns herausfordern. Denn an den Stellen, an denen etwas, das uns wertvoll erscheint, unerreichbar ist, beginnen wir mit unseren Grenzen zu ringen. Für jeden von uns stellt dieses *Wertvolle* etwas anderes dar. Es wird durch unsere Werte definiert, die wir durch unsere Prägung in unserem Elternhaus, unsere Freunde und unsere Gesellschaft erhalten haben. Diese Werte können beispielsweise Gesundheit, Leistung, Glück, Erfolg, Geld, Reichtum, Aussehen,

Macht und Intelligenz sein. In christlichen Kreisen lauten diese Werte auch ehrenamtliches Engagement, Selbstlosigkeit, Frömmigkeit oder Disziplin. Solche Werte scheinen uns selbst zu be*werten*, daher reizt es uns so sehr, sie zu erlangen, denn mit ihnen werden *wir* vermeintlich wertvoll. Wir können uns über unsere selbst erlangten Werte definieren und darstellen und uns auf diese Weise aus der Masse hervorheben. Unsere Werte schaffen uns vermeintlich Identität, denn erreichen wir das, was uns so wertvoll erscheint, erlangen wir *Lebens*wert.

So kommt es dann auch letztlich dazu, dass unsere Werte sozusagen unsere *wahren Chefs* sind, sie werden unbemerkt zur Grundlage unserer Entscheidungen. Entscheide ich mich für den attraktiven Job, der nicht so gut bezahlt wird, oder den unattraktiveren Job, der mir Sicherheit und ein gutes Einkommen schenkt? Wir werden uns für das entscheiden, was in unseren Augen den höheren Wert darstellt. Wir bevorzugen einen bestimmten Sachverhalt, eine Handlung oder einen Gegenstand, weil er uns wertvoller erscheint, denn das verleiht uns anscheinend Wertachtung.

Können wir diese ersehnten Werte jedoch nicht erreichen, weil uns unsere Grenzen davon abhalten, so können wir leicht das Gegenteil erleben und wir fühlen uns minder*wertig.*

Als ich Abitur machte, packte mich der Ehrgeiz und ich wollte austesten, was ich kann und was nicht. Ich hatte mir ein einziges Ziel gesetzt: Ich möchte besser sein als meine beiden älteren Brüder. Das war in meinen Augen das Wertvollste, was ich durch mein Abitur erreichen konnte. Es ist wohl so ein Tick der Jüngsten, dass sie sich immer wieder an dem messen müssen, was ihnen vorgelebt wird. Dieses Ziel schien mir sehr reizvoll und auch machbar. Ich legte meine ganzen Energien in diese Prüfungen hinein. Alles lief wirklich gut. Ich war motiviert und siegessicher. Und dann kam der Tag, an dem das Ergebnis endlich feststand und die Noten bekanntgegeben wurden. Ich war nervös. Ich war gespannt. Habe ich mein Ziel tatsächlich erreicht? Werde ich meine Geschwister übertrumpfen?

Aber nein, ich wurde enttäuscht. Ich hatte mein Ziel nicht erreicht. Ich kam lediglich auf genau das gleiche Ergebnis. Damals bedeutete das eine große innere Krise für mich. Meine Begrenzungen erdrückten mich. Ich war einfach nicht so erfolgreich, wie ich hatte sein wollen. Ich war nicht so schlau, wie ich allen hatte beweisen wollen. Diese Begrenzung musste ich erst einmal verkraften. In meinen Augen war es eine große Niederlage, die hart an mir und meinem Selbstwertgefühl zerrte. Meine Grenzen forderten mich heraus, weil ich das, was ich als so wertvoll erachtete, nicht erreichen konnte.

Und genau an dieser Stelle werden unsere Grenzen für uns so spannend. Schaffen wir es, unsere Grenzen weiter zu stecken und dadurch neues Land einzunehmen, dann scheint unser Leben aufgewertet. Doch hindern uns unsere Grenzen daran, diese Werte zu erlangen, scheint unser Leben abgewertet.

Das ist unser Identitäts-Check an unserem ganz persönlichen Grenzübergang.

Innere und äußere Grenzen

Die Grenzen, die unser Lebensland umgeben, wirken auf zwei unterschiedliche Arten auf uns ein. Ich nenne sie unsere *äußeren* Grenzen und unsere *inneren* Grenzen.

Unsere äußeren Grenzen werden uns von außen gesteckt. Es sind die Fakten unseres Lebens, die uns vorgesetzt werden, ohne jede Möglichkeit der Mitbestimmung. Sie geschehen einfach mit uns, wir haben keine Wahl. Diese Grenzen beeinflussen unser Lebensland und scheinen uns manchmal bedrohlich einzuengen. Zu ihnen gehören Krankheiten, die uns selbst oder lieb gewonnene Menschen treffen. Der Tod einer nahestehenden Person. Ein ersehnter Ehepartner, der sich nicht finden lässt. Kinderlosigkeit. Behinderungen. Körperliche Einschränkungen. Unverschuldete Not. Verwehrte Möglichkeiten.

Eine Mutter, die von ihrem Mann verlassen wird und mit ihren Kindern allein dasteht, sich plötzlich in Hartz IV befindet, Haus und Hof aufgeben muss, wird genau diese Grenzen spüren – das sind die äußeren Grenzen unseres Landes. Doch es muss sich dabei nicht immer um große Schicksalsschläge handeln. Solche äußeren Grenzen beginnen bereits in kleinem Rahmen, nämlich dort, wo unser Leben von außen beeinflusst wird und uns erst mal keine Wahlmöglichkeit bleibt.

Mir persönlich wurde solch eine äußere Grenze in den letzten Jahren besonders nachts deutlich. Wir haben drei Kinder, die spät schlafen gelernt haben. Ich hingegen liebe es zu schlafen. Mein Mann beschreibt mich gerne so: „Georgia geht gerne früh ins Bett und schläft gerne lang." Das entspricht meinem Bedürfnis. Doch meine Kinder haben meinem Schlafbedürfnis Grenzen gesetzt. In den letzten Jahren ist mein Schlafpensum sehr eingeschränkt worden. Teilweise hat mich das nicht nur sehr müde, sondern auch wütend gemacht und mich sogar regelrecht bedroht.

Unsere äußeren Grenzen können uns manchmal geradezu umhauen. Sie können unser Leben ins Wanken geraten lassen und alles auf den Kopf stellen. Äußere Grenzen können großen Einfluss auf unser Lebensland gewinnen, weil sie so mächtig und manchmal auch unveränderlich sind. Wir fühlen uns ihnen hilflos ausgeliefert.

Etwas anders wirken die inneren Grenzen. Sie beeinflussen unser Land eher aus unserem Inneren und resultieren aus unserer Persönlichkeit und unserem Charakter. Es sind unsere nicht vorhandenen Gaben, die Macken, Fehler, Schwächen, Überforderungen, Unfähigkeiten, Niederlagen, Versagen, Ängste und falschen Entscheidungen. Sie werden uns dort deutlich, wo wir uns selbst begrenzt erleben, wie ich es beispielsweise während meines Abiturs erfahren habe. Und weil sie uns beeinflussbar und dehnfähig erscheinen, sind sie häufig viel subtiler und weniger greifbar als unsere äußeren Grenzen.

Ich beobachte das gerade im Schwimmkurs unserer Kinder. Sie besuchen diesen Kurs mit ihrer Freundin, die vom Wasser absolut begeistert ist. Sie freut sich auf jede einzelne Schwimmstunde. Meinen Kindern hingegen macht das Wasser Angst. Ich weiß genau, dass sie das Gleiche könnten wie ihre Freundin, dennoch werden sie immer wieder von ihrer Angst blockiert. Jede neue Schwimmstunde stehen sie in der Herausforderung mit ihren inneren Grenzen, die sie davon abhalten, das Schwimmen allein zu wagen.

Doch egal, ob es unsere äußeren oder unsere inneren Grenzen sind, die uns beeinflussen. Beide Arten können uns an unserem Streben nach Wert hindern und haben damit Auswirkungen auf unser Wertigkeitsempfinden und so auch auf unsere Identität.

Meiner Tochter macht in ihrem Schwimmkurs nicht nur die Angst zu schaffen, die sie vor dem Wasser hat, sondern mittlerweile auch der Vergleich mit ihrer Freundin, der sich auf ihr Selbstwertgefühl niederlegt. Darunter leidet sie zusätzlich.

Beide Arten von Grenzen können also bewirken, dass wir uns minderwertig und unbedeutend fühlen, weil sie uns vermeintlich davon abhalten, Anerkennung und Wertschätzung zu erlangen. Und genau an diesem Punkt lassen wir es zu, dass unsere Grenzen Macht über unsere Identität erlangen. Wir lassen es zu, dass wir uns über unsere Grenzen definieren. Dabei werden wir zum Spielball unserer Landesgrenzen, die damit nicht nur Einfluss auf unser Selbstwertgefühl nehmen, sondern auch auf unsere Lebensqualität.

Die Auswirkungen unserer Grenzen auf unsere Identität

Eigentlich erfüllen unsere Grenzen positive und wichtige Aufgaben in unserem Leben und trotzdem reizen sie uns und wecken unsere Aufmerksamkeit. Unsere Grenzen werden uns dort zur Herausforderung, wo wir nach Werten streben, die außerhalb unseres Landes liegen und die uns in unserer Persönlichkeit *aufwerten* sollen. Schaffen wir es, diese Werte zu erreichen, dann sind wir erfolgreich, schaffen wir es nicht, haben wir versagt. Wir stehen in der Gefahr, dass wir unsere Grenzen darüber entscheiden lassen, wer und was wir sind.

Unsere Identität gewinnt auf diese Weise keine Festigkeit. Sie ist abhängig von unserem Erfolg und damit beliebig und wechselhaft. Eben haben wir uns noch begehrt gefühlt, doch ein falsches Wort, eine dumme Situation oder ein blöder Fehler und wir fühlen uns klein und unbedeutend. Dieses Hin- und Hergeworfensein wird auf Dauer anstrengend. Wir kommen nicht zur Ruhe. Wir sind nicht *ausgeglichen*. Es ist ein nie endender Kreislauf zwischen dem Für und Wider unserer eigenen Persönlichkeit. Vor einigen Jahren habe ich einen Text geschrieben, der diesen Kreislauf beschreibt:

Ich fühle mich **wertlos** – du würdest das nicht in mir vermuten – das steckt tief in mir drin.

Ich möchte **wertgeachtet** und geliebt sein – ganz – so wie ich bin. Ich sehne mich so sehr nach Zuneigung und Anerkennung. Ich beginne alles dafür zu tun, sie zu erhalten. Daher gebe ich mich nach außen ganz selbstsicher, stark und unabhängig. Alle mögen meine starke Seite.

Ich werde als **wertvoll** erachtet. Ich erhalte Anerkennung und finde Gefallen an mir selbst. Ich investiere mich in das Wohl der anderen. Ich helfe gerne, wo Not am Mann ist. Ich bin immer da – Tag und Nacht. Ich fühle mich wichtig, gut und unverzichtbar. Mein Leben scheint Sinn zu haben.

Ich kriege alles wirklich toll auf die Reihe. Ich bin richtig zufrieden mit mir. Ich fühle mich überlegen und stark. Irgendwie bin ich unabhängig und unschlagbar. Ich bin wirklich eine Kämpfernatur. Ein Siegertyp. Ich bin echt **wertvoll.**

Ich nehme meine Grenzen nicht mehr wahr. Ich überschreite sie ständig. Ich überfordere mich. Ich habe mich viel stärker eingeschätzt, als ich bin. Ich gönne mir keine Pause. Ich werde hartherzig, gnadenlos und bitter. Ich bin so müde. Meine Kraft neigt sich dem Ende zu. Ich bin so unzufrieden und enttäuscht. Ich fühle mich so **grenzwertig.**

Ich ziehe mich zurück – immer mehr. Mein Leben gleitet mir aus der Hand. Nichts gelingt mir mehr. Ich bin leer. Ich fühle mich klein, unbedeutend und kraftlos. Menschen werden mir zur Belastung. Alles scheint mich zu überfordern. Ich bemitleide mich selbst. Sieht mich denn keiner? Ich fühle mich so schwach – so **minderwertig.**

Ich fühle mich **wertlos.** Ich sehne mich danach, sein zu dürfen, wie ich in meinem Inneren bin – schwach, sensibel und verletzlich. Doch ich gestatte es mir selbst nicht. Du würdest das nicht in mir vermuten – aber es steckt tief in mir drin.

Ich erlebe immer wieder Menschen, bei denen dieser innere Prozess auch äußerlich sichtbar wird. Läuft es eine längere Zeit in ihrem Leben gut und sind sie positiv motiviert, weil sie einiges *Wertvolle* ansammeln konnten, dann ist ihre Ausstrahlung leuchtender, sie achten auf ihr Äußeres und ihre Schönheit kommt zum Vorschein, vielleicht haben sie sogar ihr Gewicht reduziert und kleiden sich attraktiver als sonst. Kommt dann jedoch eine Zeit, in der die Dinge nicht so gut laufen und Erfolgserlebnisse ausbleiben, dann scheint all das Leuchten und die Schönheit verloren zu gehen. Die Person ist die Gleiche, allerdings drückt ihr Äußeres ihr innerliches Unwohlsein aus.

Es ist jedoch gleich, ob es lediglich ein innerer oder ein äußerer Prozess ist, jeder von uns erlebt solche Abstufungen dort, wo wir allein unseren Grenzen gestatten, unsere Identität zu definieren. Der eine erlebt diesen Prozess intensiver, der andere kurzweiliger. Doch das, was uns verloren geht, ist das tiefe Wissen um unsere wertvolle Identität, die in unserem Landesinneren verborgen liegt. Anstatt das Land, das uns zur Verfügung steht, einzunehmen, bleiben wir viel zu oft an den Grenzen unseres Landes stehen.

Doch genau wie damals, als ich die Reise mit meiner Oma

in die ehemalige DDR machte, ist unser Grenzübergang nur der Anfang unserer Tour. Unsere Grenzen können uns dazu verhelfen, in unser Lebensland einzureisen, um die Schönheit unseres Landes zu erforschen. Sie bilden einen guten Rahmen, in dem sich unsere Persönlichkeit entfalten kann. Es wäre zu schade, wenn wir unsere Reise lediglich am Grenzübergang beenden würden.

Fragen zu Ihrem ganz persönlichen Land:

1. Wo erleben Sie Grenzen, die Sie leicht annehmen können?

....

....

....

2. Wo erleben Sie Grenzen, die Sie herausfordern?

....

....

....

3. Handelt es sich dabei eher um äußere oder um innere Grenzen?

....

....

....

4. Welchen Einfluss nehmen diese Grenzen auf Ihr Selbstwertgefühl und damit auf Ihre Identität?

....

....

....

2
Von Grenzgängern und Grenzvermeidern

Ich erinnere mich an eine Werbung, die vor vielen Jahren im Fernsehen zu sehen war. Zwei Männer sitzen sich an einem Tisch gegenüber. Der eine fragt den anderen scheinbar belanglos: „Und, was machst du so?" Der andere holt überlegen ein paar Fotos heraus und präsentiert sie selbstbewusst und siegessicher: „Mein Haus. Mein Auto. Mein Boot …" Der zweite Mann scheint beeindruckt, doch dann übertrumpft er den ersten in großer Überlegenheit und legt seine noch eindrucksvolleren Fotos auf den Tisch: „Mein Haus. Mein Auto. Mein Boot …"

Die beiden Männer machen uns sehr gut deutlich, wie wir uns durch unsere Werte bestimmen lassen. Es ist das Lebensmuster, nach dem unser Leben funktioniert, und niemand von uns kann sich davon freisprechen. Sind wir erfolgreich, dann dient uns unser Erfolg und wir bemerken oft gar nicht, wie sehr er uns beeinflusst. Wenn wir aber die Verlierer sind, dann bürdet uns dieses Vorgehen eine große Last auf, weil uns unsere Begrenzung zur Bedrohung wird. Ob wir Verlierer oder Gewinner sein werden, wird sich an unseren Grenzen zeigen. Sie scheinen der Scheitelpunkt zwischen Erfolg und Niederlage zu sein. Genau aus diesem Grund fordern uns unsere Grenzen immer wieder heraus und es fällt uns schwer, sie zu akzeptieren, gerade dann, wenn andere uns übertrumpfen.

Das wird mir immer ganz besonders deutlich während meiner Abitreffen, die im Abstand von fünf Jahren stattfinden. Es ist ein einziges Messen, Beweisen und Übertrumpfen: „Mein Haus. Mein Auto. Mein Boot …" Aber auch in christlichen Kreisen können wir solch ein Ranking erleben. Es besteht kaum ein Unterschied. Nur durch die etwas verlagerten Werte erscheint uns dieses Messen als nicht so offensichtlich. Denn hier bekommt man eher Folgendes zu hören: „Die Anzahl der von mir bekehrten Mitmenschen. Meine ehrenamtliche Mitarbeit in einer ganzen Litanei von Arbeitszweigen. Mein tägliches pflichtbewusstes Bibellesen. Meine Gebets*erfolge*. Meine 40-jährige ehrenamtliche Mitarbeit in der Jugendarbeit. Meine gewissenhafte Abarbeitung aller Fürbittegebete." Diese Liste ließe sich unendlich fortsetzen.

Diejenigen Menschen, die zumindest in einiger Hinsicht *Erfolge* vorweisen können und in dieses Schema passen, kommen gut klar. Aber die Menschen, deren Leben anders verlaufen ist, als sie gedacht hatten, die weniger Erfolge verbuchen und diesem Messen nicht standhalten können und wollen, die werden solche Begegnungen meiden. Denn der ständige Vergleich und die andauernde Konfrontation mit den Leistungen der anderen macht sie müde und wird für sie belastend. Denn im Vergleich scheint ihnen ihr eigenes Land viel zu klein und weniger wertvoll zu sein.

Dort, wo wir unsere Identität allein an unseren Grenzen festmachen, werden wir unsere Persönlichkeit immer daran messen, was wir erreichen können. Wir werden uns mit anderen vergleichen, um immer wieder unseren eigenen Wert zu überprüfen. Dieses *Spiel* wird nie enden. Egal, wie positiv es uns auch motiviert oder wie erschöpft wir mittlerweile davon sind. Wir kommen nicht zur Ruhe, sondern werden entweder zu Grenzgängern, die unaufhörlich gegen ihre eigenen Grenzen ankämpfen, um es sich selbst oder anderen zu beweisen, oder wir werden zu Grenzvermeidern, die von ihren Grenzen bezwungen wurden und sich ängstlich und resigniert zurückziehen. Es steckt beides in uns. Mal das eine, mal das andere. Es ist ein Wechselspiel.

Der Grenzgänger

Im vergangenen Winter war es so kalt, dass der kleine See in unserer Nachbarschaft mit einer dicken Eisschicht bedeckt war. Er wurde offiziell von der Stadt freigegeben und so durften wir in einem sicher abgesteckten Bereich Schlittschuh laufen oder einfach nur auf dem Eis schlittern. Eine große Fläche stand uns zur Verfügung, die viele Menschen nutzten, ohne sich dabei im Weg zu stehen. An einem sonnigen

Wintertag wählten wir diesen See als Ausflugsziel für unsere Familie. Unsere beiden großen Töchter waren noch zu jung zum Schlittschuhlaufen, aber es machte einfach riesig Spaß, auf dieser glatten Fläche zu spielen, den See zu erkunden und darüber zu staunen, wie es plötzlich möglich war, dass wir auf dem Wasser gehen konnten.

Unsere Kinder gingen allein auf ihre Erkundungstouren, und als wir nach einer Weile nach ihnen Ausschau hielten, durchzuckte uns ein kleiner Schock: Dieser See hatte einen einzigen Zufluss, der aber nicht zugefroren war. Es schwammen einzelne dünne Eisschollen auf dem fließenden Wasser, doch sie waren viel zu dünn und zerbrechlich, als dass sie einen sicheren Halt geboten hätten. Dieser Zufluss war großzügig mit einer Kette abgesperrt worden, damit sich niemand auf diesem unsicheren Untergrund gefährden oder gar verletzen konnte. Aber genau an dieser einen unsicheren Stelle, an dieser einen Abgrenzung des Sees spielten unsere Kinder. Sie wussten genau, dass sie nicht über die Begrenzung gehen durften, aber sie machten es sich zum Spiel, einmal kurz auf die andere – die verbotene Seite – rüber- und wieder zurückzuhüpfen. Der See war wirklich groß, doch genau diese eine Begrenzung reizte unsere Kinder zu ihrem gefährlichen Spiel.

Das, was für unsere Kinder ein Spiel war, erleben wir auch als Grenzgänger. Wir bewegen uns überwiegend an unseren Landesgrenzen. Unsere Grenzen reizen uns und wir wollen sie überwinden. Wir wollen sie bezwingen, um an den Wert zu gelangen, der gerade unsere Aufmerksamkeit bannt.

Wie unsere Kinder am zugefrorenen See, lassen wir unser Landesinneres dabei oft ungeachtet hinter uns zurück. Es scheint uns zu unattraktiv. Es reizt uns nicht und ist einfach viel zu klein. Das, was wir noch nicht besitzen, weckt unsere Aufmerksamkeit. Das, was wir noch nicht können, weckt unser Interesse. Das Verbotene, das nicht Erreichte und das Fremde reizt uns. Wir wollen testen, was für uns machbar ist und richten uns dabei über unsere Grenzen hinweg nach außen.

Solange wir dabei unsere Grenzen mit Erfolg dehnen können, werden wir ermutigt, weiterzugehen. Wir werden in unserem Handeln bestätigt und fühlen uns immer stärker. Wir werden angespornt, noch weiter, noch besser, noch schneller und noch höher hinaus zu kommen. Wir erlangen immer mehr Wert, der unsere Persönlichkeit definiert und können uns über unsere Erfolge präsentieren – egal ob offensichtlich oder subtil verpackt. Wir entwerfen ein Bild von uns selbst und stellen es nach außen hin dar, wie wir heutzutage sehr gut auf Internetplattformen wie facebook und Twitter beobachten können. Hier stellt jeder nur das zur Ansicht, was ihn wertvoll und attraktiv macht. Niemand würde dort schreiben, wenn es ihm schlecht geht oder wenn er in der Krise steckt, nein, ganz im Gegenteil, hier präsentieren wir uns nur von der besten Seite.

Als ich einer Freundin von meinen Gedanken über den Grenzgänger erzählte, war sie irritiert: „Jemand, der an seine

Grenze geht, um auszutesten, was er leisten kann, hat doch eine große Gabe geschenkt bekommen. Er hat Mut und stellt sich seinen Herausforderungen – körperlich und geistig.“ Und damit hat sie auch recht, denn diese Art von Grenzerfahrung deutet auf eine gesunde und positive Lebensenergie hin, die uns motiviert und vorantreibt. Wir brauchen einem kleinen Baby nicht zu sagen, wie es lernt zu krabbeln und zu laufen. Nein, das macht es von selbst, weil es motiviert ist, sich weiterzuentwickeln. Es möchte die eigenen Grenzen und Möglichkeiten erweitern und freut sich an den Erfolgen. Grenzen sind Herausforderungen, um zu erforschen, was wir können und was nicht und wie weit wir dabei gehen können.

Doch für den Grenzgänger, der sein Selbstwertgefühl und seine Identität ausschließlich an seinen Grenzen festmacht, bedeutet es immer, dass er größer, besser, weiter, schneller, mehr und höher hinausmöchte und sich nicht zufriedengibt mit dem, was er bereits hat. Hat uns als erstes Auto noch ein kleiner VW Lupo große Freude gemacht, so muss das nächste Auto, das wir uns kaufen, mindestens schon ein VW Polo sein. Der reicht jedoch bald nicht mehr aus und wird dann gegen einen VW Golf ersetzt, der wiederum spätestens bei Familienzuwachs nicht mehr ausreicht und gegen einen VW Touran eingetauscht wird usw. Wir geben uns nicht mit weniger zufrieden, es muss immer mehr werden.

Doch genau auf diesem Weg stehen wir immer mehr in der Gefahr, dass irgendwann unser Kartenhaus – das Bild, das wir von uns entworfen haben und nach außen hin darstellen –

zerbricht und andere erkennen können, dass wir doch nicht so toll sind, wie wir demonstrieren. Der anfängliche Ansporn, mit dem wir begonnen haben, unsere Landesgrenzen zu dehnen, wird plötzlich immer mehr zu einer Herausforderung und einem Getriebensein. Wir müssen unser nächst höheres Ziel erreichen oder wenigstens unseren Status quo halten. Ein immerwährender Antreiber steht hinter uns, der uns keine Schwachheit und keine Pause gestattet. Dieser Antreiber vermittelt uns: „Du musst." Oder „Es geht noch mehr. Es geht noch höher. Es geht noch weiter." Und so kämpfen wir uns voran, mit dem Kopf durch die Wand, egal, wie viel Kraft es uns kostet und wie erschöpft wir eigentlich schon sind, damit unser Kartenhaus nicht zusammenfällt und andere unsere Schwachheit erkennen können.

Aus diesem Grund fällt es einem Grenzgänger schwer, „Nein" zu sagen. Ich selbst erlebe das in meinem eigenen Leben und zwar häufig dann, wenn ich neue Herausforderungen und Angebote zum Schreiben von Artikeln und Büchern erhalte. Das Schreiben bringt mich zwar voran. Aber erhalte ich ein attraktives, neues Angebot, dann fällt es mir sehr schwer vernünftig abzuwägen, ob unsere familiäre Situation diese Aufgabe überhaupt zulässt. Genau an diesen Punkten stehe ich in der Gefahr, meine eigenen und sogar die Grenzen meiner Familie zu überschreiten.

Dabei hängt es von unseren Werten ab, in welcher Weise wir unsere Grenzen dehnen und es uns schwer fällt, Wertvolles abzulehnen.

Eine Freundin erzählte mir, dass ihr Schwiegervater gerade mit einer Lungenentzündung ins Krankenhaus gekommen sei. In den letzten Wochen und Monaten hatten ihre Schwiegereltern ihre Kinder unterstützt, indem sie immer wieder ihre Enkelkinder zu Besuch hatten. Sie freuten sich darüber, dass sie helfen konnten und für ihre Enkelkinder da sein durften. Sie liebten die Zeit mit ihnen und stellten alles andere hinten an. Auf diese Weise verschleppte ihr Schwiegervater jedoch eine Erkältung, weil er sich einfach keine Zeit nahm, um zwischendurch auch für sich selbst zu sorgen. Zeit mit den Enkelkindern zu verbringen war einfach verlockend und sie wollten diese Möglichkeit nicht ausschlagen oder einschränken.

Ich kann diesen Grenzgänger gut verstehen. Sein Wunsch, für die Menschen, die er liebt, da zu sein, ist nachvollziehbar.

Wenn uns gute Motive antreiben, dann fällt es uns sehr viel schwerer, den Grenzgänger in uns zu entlarven. Beispielsweise, wenn wir die vielen bedürftigen Menschen um uns herum sehen und uns verpflichtet fühlen, ihnen zu helfen: Die Nachbarin, die uns gebeten hat, zweimal in der Woche für sie einzukaufen. Die Bekannte, die allein ist und selten jemanden zu Besuch bekommt. Die Freundin, die für die nächsten vier Wochen Unterschlupf sucht, weil sie gerade in einer schwierigen Ehekrise steckt. Die Mitarbeiterin im Kindergottesdienst, die händeringend Unterstützung braucht. Die Kollegin, die krank geworden ist und niemanden hat, der sich um sie kümmert. Diese Dinge wecken unsere fürsorgliche, verantwortungsbewusste, gewissenhafte und liebevolle Ader und das ist auch gut so. Doch wir kommen in Bedrängnis, wenn wir uns selbst überfordern und unsere eigenen Grenzen nicht mehr wahrnehmen.

Unser Leben als Grenzgänger läuft daher so lange gut, bis wir unsere Grenzen überstrapazieren und erkennen müssen, dass wir uns überschätzt haben. Ich erlebe es sehr häufig, dass Menschen erst durch eine Krankheit dazu gebracht werden, die eigenen Grenzen neu wahrnehmen zu lernen und sensibler mit der eigenen Bedürftigkeit umzugehen. Der eigene Körper wird plötzlich zum Sprachrohr und drückt auf die Notbremse. Wir müssen erkennen, dass wir mit all unserem Bemühen genau das Gegenteil von dem erreichen, was wir eigentlich wollten. Wir streben danach, unsere Grenzen bis ins Unendliche zu dehnen und werden doch auf diese Weise weit zurückgeworfen.

Wir haben uns auf ein riskantes Spiel eingelassen, das erst so verlockend und motivierend erschien und sich nun als erbarmungslos und zerstörerisch entpuppt. Je weiter wir unseren Weg fortsetzen und ihn immer erbarmungsloser und kraftraubender erleben, je härter werden wir selbst mit uns umgehen. Doch nicht nur mit uns, sondern auch mit unseren Mitmenschen.

Ich wurde vor einiger Zeit Zeugin einer Begegnung zwischen zwei Frauen. Sie waren beide im gleichen Arbeitskreis ehrenamtlich tätig. Die eine erzählte der anderen unter Tränen, dass sie gegenwärtig sehr erschöpft sei und ihr das, was sie tue, einfach viel zu viel sei. Sie würde gerne kürzer treten und aus der Arbeit aussteigen.

„Ich verstehe dich", konterte die andere hart, mit einem barschen Unterton. „Mir ist es auch viel zu viel, aber ICH mache weiter. Anders geht es halt nicht."

In ihrer Antwort steckte kein wirkliches Verstehen. Auch ihre Grenzen waren überspannt. Ihr war diese Arbeit ebenfalls zu einer Belastung geworden. Und da sie mit sich selbst in dieser Sache nicht barmherzig umging, konnte sie auch niemand anderem liebevoll und einfühlsam begegnen.

Ja, gerade an den Punkten, an denen wir selbst zu kämpfen haben und mit uns unnachgiebig werden, werden wir auch unseren Mitmenschen gegenüber hart und unbarmherzig. Jemand, der sich selbst ständig zuruft: „Stell dich nicht so an!" oder „Reiß dich zusammen!", wird ähnliche Worte für seine Mitmenschen finden. Denn wer seine Grenzen dauernd dehnen muss, für den bedeutet Schwachheit eine Niederlage. Und aus dem Grund gestattet sich der Grenzgänger keine Schwäche. Den schwächer erscheinenden Eigenschaften seiner Persönlichkeit gesteht er keine Daseinsberechtigung zu, und so muss er immer wieder gegen Teile seines Ichs ankämpfen.

Bekämpfen wir jedoch unsere Schwachheit und präsentieren wir uns unseren Mitmenschen nur in Stärke und Unabhängigkeit, dann stehen wir in der Gefahr, dass wir gerade in wirklichen Zeiten der Schwachheit und Erschöpfung alleine bleiben.

In dieser Hinsicht kommt mir eine Bekannte in den Sinn, die in jeder ihrer Schwangerschaften während der letzten Wochen in eine Krise geriet. Sie ist grundsätzlich eine starke und tatkräftige Person. Doch kurz vor den Entbindungen ihrer Kinder wurde ihr immer wieder bewusst, dass sie nicht mehr so konnte, wie sie wollte und dass die Menschen in ihrem Umfeld scheinbar gar keine Rücksicht auf ihre Bedürftigkeit nahmen. Sie fühlte sich allein gelassen und litt darunter, dass niemand ihre veränderten Bedürfnisse wahrnahm.

Wenn wir unseren Mitmenschen immer wieder signalisieren, dass wir scheinbar grenzenlos sind, dann können wir an den Punkten, an denen wir uns auf einmal selbst begrenzt erleben, weil wir unsere Grenzen nicht besiegen konnten, ganz verlassen sein. Doch gerade an diesen Punkten, an denen wir selbst unter unserer Begrenzung leiden, weil sie uns weismachen will, dass wir wertlos und unbedeutend sind, benötigen wir den Zuspruch anderer, die uns aufbauen.

Der Grenzgänger steckt also in einem Dilemma. Einerseits will er sich nicht von seinen Grenzen bestimmen lassen und kämpft gegen sie an, um sie zu bezwingen. Andererseits erlangt er Bestätigung, wenn er seine Grenzen überwindet und dadurch sein Land erweitern kann. Er ringt mit ihnen und doch lässt er es zu, dass seine Grenzen ihn definieren.

Auf diese Weise kommt ein Grenzgänger nie wirklich zur Ruhe.

Eine junge Frau, für die es ein hoher Wert war, Leistung zu erzielen und Dinge zu einem guten Abschluss zu bringen, erzählte mir, wie es ihr erging, als sie ihr erstes Kind bekam. Sie fühlte sich in den Tagen und Wochen nach der Entbindung völlig wertlos und unbedeutend. Sie hatte eine wunderbare neue Aufgabe, keine Frage. Sie liebte ihr Kind wirklich sehr. Aber innerlich war sie nervös und unruhig. Erfolge blieben aus und immer wieder wurde sie davon abgehalten, ihre Aufgaben zufriedenstellend abzuschließen. Es befriedigte sie in ihrem tiefsten Inneren nicht. Es reichte ihr nicht aus. Diese mütterlichen Werte hatten für sie keine große Bedeutung. Nein, sie waren in ihren Augen vielmehr Mittel zum Zweck.

Sie selbst sah nur noch ihre Begrenzungen und all das, was sie nun nicht mehr tun konnte. Vermeintlich nichts Wertvolles und Anerkanntes zu leisten, wurde für sie unerträglich, denn es vermittelte ihr das Gefühl, auch als Person nicht wertvoll und anerkannt zu sein. In ihr wuchs eine Unruhe, die sie dazu antrieb, drei Monate nach der Geburt ihres Kindes wieder voll arbeiten zu gehen, denn durch ihre Arbeit wurde ihr Anerkennung und Wert geschenkt.

Doch eigentlich war beides – Berufstätigkeit und Muttersein – eine viel zu hohe Belastung für sie. Sie wurde dadurch zur Grenzgängerin und dehnte ihre Grenzen in ganz bedrohlicher Weise aus, was ihr leider erst viel später bewusst wurde.

Wir werden in den Bereichen, die für uns von Wert sind, immer wieder gereizt, unsere Grenzen zu dehnen und uns zu übernehmen. Doch strapazieren wir unsere Grenzen zu sehr, dann ist es so, als würden wir uns in einem Luftballon befinden und uns mit vollem Körpereinsatz von innen gegen das Gummi stemmen. Wir schaffen es, diese Begrenzung an manchen Stellen zu dehnen, aber dafür drückt sie uns an anderen Stellen wieder zurück. Es ist eine Sisyphosarbeit, eine schwere und sinnlose Tätigkeit, ohne ein absehbares Ende, die uns innerlich zerreißen kann.

Es gibt also für uns, die wir unseren Selbstwert am Identitäts-Check unseres Grenzüberganges festmachen, nur zwei Wege: Haben wir Erfolg und können wir uns Wert erarbeiten, dann läuft unser Leben gut. Wir gewinnen vermeintlich an Bedeutung. Doch halten uns unsere Grenzen zurück und wir können den gewünschten Wert einfach nicht erreichen, geht uns unser Wertgefühl verloren. Wir fühlen uns als Versager. Wir ziehen uns zurück und werden zu einem Grenzvermeider.

Der Grenzvermeider

Als ich nach meinem Abitur entscheiden musste, welchen Berufsweg ich einschlagen möchte, fiel mir meine Entscheidung sehr schwer. Eigentlich sehnte ich mich danach, einen Beruf zu wählen, der mir Ansehen und Prestige einbringen würde, doch solch ein Job forderte auch solide Kompetenzen und ich war mir nicht sicher, ob ich diese würde erwerben können. Meine Geschwister hatten mir ein paar Jahre zuvor vorgelebt, wie sie sich diesen Herausforderungen stellten. Beide Geschwister hatten sich für unterschiedliche

Berufsrichtungen entschieden. Beide hatten sich den Job ausgesucht, der ihnen entsprach und der ihre Leidenschaft weckte. Und beide schlossen ihr Studium mit besonderer Auszeichnung ab. Ihre Leistungen wurden gesondert gewürdigt und hervorgehoben.

Unbewusst bedeutete das für mich wieder einmal großen Druck: Wenn ich mich für ein Studium entscheide, dann muss ich ebenfalls so leidenschaftlich und gut darin sein, dass ich am Ende mit Auszeichnung bestehen werde. Allerdings wusste ich nicht einmal, wofür mein Herz schlug und welche Dinge mein Interesse wirklich weckten – so gut kannte ich mich zu diesem Zeitpunkt noch nicht. Ich entschied mich dann für ein Medizinstudium und bereitete mich auf den Mediziner-Test vor, der damals Bedingung für einen Studienplatz gewesen ist. Doch diesen Test führte ich niemals durch.

Aus Angst, diese Prüfung nicht angemessen zu absolvieren und meinen Ansprüchen nicht zu entsprechen, tat ich nichts. Es lähmte mich. Ich mied den Vergleich und konnte und wollte mich nicht länger messen. Also schwenkte ich um und entschied mich für eine Ausbildung zur Industriekauffrau. Diesen Beruf hatte auch mein Vater eingeschlagen und er entsprach irgendwie einer soliden Lebensgrundlage. Doch es war nie der Beruf, der meiner Leidenschaft entsprach. Es war meine Möglichkeit, diesem Messen, in dem ich mich ständig befand, auszuweichen, aber es war nur eine Notlösung. Ich wurde zum Grenzvermeider. Ich testete meine Grenzen gar nicht erst aus, sondern blieb lieber auf sicherem Territorium stehen.

Es ist die Angst, die den Grenzvermeider davon abhält, bestimmte Dinge zu tun. Wir lehnen die Aufgabe, für die wir angefragt wurden, lieber ab, weil wir wahrscheinlich nicht den Anforderungen entsprechen. Wir halten uns zurück, unsere Meinung kundzutun, aus Angst, dass wir dadurch auf Ablehnung stoßen. Wir halten uns lieber fern von brisanten Themen und unterlassen es vorsichtshalber, klar Stellung zu beziehen. Wir verschwinden viel lieber unbeachtet im Hintergrund. Am besten gar nicht auffallen, dann können wir auch nichts falsch machen.

„Geh gar nicht erst an deine Grenzen, dann wirst du auch keine Niederlagen einfahren." So könnte das Motto des Grenzvermeiders lauten.

Auch als Grenzvermeider sind wir ständig mit unseren Grenzen beschäftigt, aber genau in gegenteiliger Weise als der Grenzgänger. Wir bewegen uns von unseren Grenzen aus nach innen. Anstatt gegen unsere Grenzen anzukämpfen, werden wir von ihnen weit ins Hinterland zurückgeworfen. Und aus der Angst heraus, zu scheitern und eine erneute Niederlage, Ablehnung oder Überforderung zu erleben, sind auch wir nicht in der Lage, die Fülle unseres Landes auszuschöpfen. Unsere Strategie besteht darin, den direkten Vergleich zu meiden. Vor allem dann, wenn wir erahnen, dass wir dabei schlecht wegkommen könnten. Wir gehen gar nicht erst an unsere Grenzen heran, sondern führen ein Leben im Inland, wohin wir uns selbst verbannt haben. Wir bleiben hinter unseren Möglichkeiten zurück, weil wir uns nichts zutrauen und lieber gar nichts wagen.

Auch in Gemeinden kann ein solches Verhalten zu Problemen führen, wie zum Beispiel in der Gemeinde meiner Freundin. Dort waren Mitarbeiter für die einzelnen Aufgaben immer schwerer zu finden. Grund dafür war, dass eine Großzahl an Gemeindemitgliedern sich eine verbindliche und regelmäßige Mitarbeit nicht zutraute. Die Verantwortung, die sie durch solch eine Mitarbeit tragen würden, war ihnen zu viel und stellte eine zu große Herausforderung dar. Das hatte zur Folge, dass die Mitarbeiter, die vorhanden waren, sehr überlastet und erschöpft waren. Letztlich mussten sogar einige ihrer Gruppen auf unbestimmte Zeit eingestellt werden.

Solche Zurückhaltungen können darin begründet sein, dass wir unsere eigenen Gaben vielleicht gar nicht richtig kennen oder uns selbst für nicht besonders herausragend und nicht wirklich wichtig halten. Wir führen Selbstgespräche, die folgende Sätze beinhalten können: „Wer bin ich schon?" – „Ich bin nicht so besonders." – „Ich habe keine tollen Begabungen." – „Ich weiß eigentlich gar nicht wirklich, was mich ausmacht, was meine Stärke ist."

Während unserer Versuche, unser Land zu erweitern und zu strecken, mussten wir zu häufig die Erfahrung machen, dass unsere Grenzen uns davon abhielten, uns Wertvolles zu Eigen zu machen. Unser Ergebnis lautet: „*Grenzwertig.* Ich bin grenzwertig. Ich bin nicht so erfolgreich und nicht so angesehen. Ich bin *minderwertig.*"

In meiner Beratungspraxis erlebe ich ganz häufig Frauen, die mit solchen negativen Gedanken über sich selbst zu mir kommen. Viele kommen, weil sie von Minderwertigkeitsgefühlen gequält werden. Sie fühlen sich klein und unbedeutend und leiden darunter. Sie können nichts Wertvolles an sich finden. Aus den Erfahrungen, die jede einzelne in ihrer Vergangenheit gemacht hat, haben sie ihr entsprechendes Fazit über sich gezogen und das bestimmt ihr Leben: „Nicht gut genug." „Nicht ausreichend." „Irgendwie falsch." „Verkorkst." „Nicht liebesfähig." „Vergessen." „Verletzt." „Verrückt." Der Schmerz darüber steckt tief in ihren Herzen, ummantelt von großer Scham. Diese Scham findet manchmal sogar in ihrer Körperhaltung Ausdruck. So kommt es immer wieder vor, dass eine Frau, die das erste Mal bei mir durch die Tür kommt, gebeugt geht und den Kopf gesenkt hält. Die Scham ist wie eine Last, die sie runterdrückt und klein hält. Sie bindet und knechtet sie.

In solchen Momenten verspüre ich häufig ihren Schmerz. Ich sehe wunderschöne Frauen, die nicht annähernd erahnen, wie hübsch sie sind. Ich sehe wertvoll erdachte Menschen, die den Wert ihrer Persönlichkeit nicht im Geringsten erfassen können. Ich erlebe kluge und tolle Frauen, die sich ihrem negativen Lebensfazit unterwerfen, obwohl in ihnen tolle Gaben und Fähigkeiten schlummern. Dies sind die Grenzvermeider. Der Anblick ihrer Landesgrenzen erdrückt sie. Ihr eigenes

Land scheint ihnen eng, grau, winzig und klein. Sie resignieren vor ihren Grenzen und bewegen sich weit unter ihren Möglichkeiten, weil sie sich selbst nichts zutrauen. Vielleicht auch, weil nie jemand ihnen etwas zugetraut hat.

So erlebte ich es auch bei einem Ratsuchenden. Er wuchs mit einem sicherheitsliebenden Vater auf. Ständig bekam er zu hören: „Das machen wir nicht selbst, dafür holen wir uns einen Profi." Überall, wo er sich als junger Mann austesten wollte, wurde er gebremst und ermahnt, dies zu unterlassen. Das Endergebnis war, dass er immer unsicherer wurde, sich selbst einfach mal etwas zuzutrauen und auszuprobieren. Er wurde nie herausgefordert und ermutigt. Stattdessen wurde er ausgebremst und an einer kurzen Leine gehalten. Damit wurde er aus der Angst heraus, etwas nicht gut genug zu machen, immer unselbstständiger. Er wurde nie in seinem Können bestätigt, und so zweifelte er an seinem eigenen Wert und es fällt ihm schwer, sich so zu akzeptieren, wie er ist.

An den Punkten, an denen wir spüren, dass wir unseren eigenen Ansprüchen und den Ansprüchen unserer Mitmenschen nicht entsprechen, fühlen wir uns minderwertig und unbedeutend. An den Punkten, an denen wir nicht in der Lage sind, uns die Dinge zu eigen zu machen, die für uns von hohem Wert sind, schwindet unser Selbstwertgefühl ins Unkenntliche. Unsere Daseinsberechtigung geht uns abhanden und wir beginnen, uns für uns selbst zu schämen.

Wir schämen uns beispielsweise, weil wir keinen Ehepartner gefunden haben. Anscheinend sind wir wohl nicht besonders liebenswert. Oder wir schämen uns, weil wir keine eigenen Kinder bekommen können. Wahrscheinlich stimmt bei uns etwas nicht. Wir sind irgendwie verkehrt und falsch. Oder wir schämen uns, weil es uns gesundheitlich immer wieder schlecht geht. Wir fühlen uns schwach und es schmerzt uns, nicht so stark zu sein, wie andere. Vielleicht haben wir auch viele Sorgen mit unseren Kindern. Sie sind lauter und wilder als andere und wir schämen uns, weil wir ihr Verhalten als unser Scheitern in der Erziehung empfinden. Oder wir haben einen nicht so bedeutenden Beruf und wir schämen uns dafür. Am liebsten soll niemand wissen, was wir eigentlich machen.

Die Scham zieht den Grenzvermeider nach unten. Sie flüstert ihm ins Ohr: „Du hast es nicht besser verdient." Sie drückt ihn nieder und nimmt ihm Würde und Achtung vor sich selbst. Und wagt es ein Grenzvermeider doch einmal, die eigenen Grenzen ein wenig auszutesten und scheitert dann erneut, verurteilt ihn die Scham und weist ihn zurecht: „Na, siehst du, da hast du den Beweis, dass du nicht so toll bist, wie du denkst."

Solche Niederlagen machen uns als Grenzvermeider verlegen und stellen uns bloß. Uns fehlen die Erfolgserlebnisse und damit auch die Definition unserer Persönlichkeit. Wir wissen nicht wirklich, wer wir überhaupt noch sind und ziehen uns zurück. Wir verbannen uns in unsere eigene Isolation und meiden im Extremfall jeglichen Außenkontakt. In der

Gemeinschaft mit anderen – besonders mit Menschen, die wir achten – fühlen wir uns nicht wohl. Wir fühlen uns minderwertig und sind oftmals unsicher. Unsere Grenzen bedrücken uns so sehr, dass innerhalb dieser Grenzen vermeintlich gar kein Land mehr existiert.

Aber dieser Weg wird zu einer Sackgasse. Dadurch, dass wir unsere Grenzen häufig zu spüren bekamen und von ihnen immer weiter zurückgeworfen wurden, schwindet unser Selbstwertgefühl und wir ziehen uns zurück. Aber je mehr wir uns zurückziehen und je weniger wir uns zutrauen, umso weniger haben wir Erfolgserlebnisse, weil wir vieles einfach gar nicht mehr wagen. Und je weniger Erfolgserlebnisse wir haben, umso mehr bedrohen uns unsere Grenzen. Auch dieser Weg wird auf lange Sicht zerstörerisch. Es ist ein unmenschlicher Weg mit unmenschlichen Auswirkungen.

Dabei haben auch wir Grenzvermeider die Sehnsucht, anerkannt zu sein und ein Leben zu führen, das wertvoll und lebenswert ist. Doch von diesem Leben fühlen wir uns in der Rolle des Grenzvermeiders meilenweit entfernt. Wir beginnen uns mit unserer Unzufriedenheit zu arrangieren und geben uns selbst mit weniger zufrieden. Denn schließlich haben wir ja auch gar nicht mehr verdient.

Geprägt von diesem Gefühl, nicht so viel wert zu sein, stehen wir jedoch in der Gefahr, die Menschen um uns herum ebenfalls *abzuwerten*. Es kann sogar passieren, dass wir uns daran freuen, wenn andere scheitern, und dass wir die Schwächen unserer Mitmenschen betonen, um uns damit selbst deutlich zu machen, dass wir mit unserem Scheitern nicht allein sind. Schon bei Kindern kann man ein solches Verhalten gut beobachten. Hat beispielsweise eines meiner Kinder sein Glas umgeworfen und damit ein paar mürrische Worte von mir einstecken müssen, beschimpft genau dieses Kind ein anderes, wenn ihm das Gleiche widerfährt. Ich brauche den Worten meiner Tochter dann nichts mehr hinzuzufügen. Es ist bereits alles gesagt.

Aber irgendwann kommt womöglich der rechte Moment und wir erhalten eine neue Chance. Vielleicht, weil uns jemand etwas zutraut und Land in uns entdeckt, das wir selbst gar nicht mehr wahrnehmen. So etwas weckt Hoffnung in uns, und wir beginnen unsere Kräfte zu mobilisieren, um das zu erreichen, was für uns erstrebenswert und wertvoll ist. Wir beginnen unsere Grenzen zu dehnen, denn unser Bestreben, Lebens*wert* zu erlangen, lässt uns nicht zur Ruhe kommen. Das Blatt wendet sich und wir werden zu Grenzgängern. Wir spielen unser *Spiel des Lebens* weiter.

Fragen zu Ihrem persönlichen Land:

1. Wo erleben Sie in Ihrem Alltag das *Spiel des Lebens*?

....

....

....

2. In welchen Momenten erleben Sie sich als Grenzgänger?

....

....

....

3. Gibt es Situationen, in denen Sie zum Grenzvermeider werden?

....

....

....

4. Welche Auswirkungen hat Ihr entsprechendes Verhalten auf Ihr Landesinneres?

....

....

....

3
Unser Land

Das Leben zwischen Grenzgänger und Grenzvermeider kann ganz schön anstrengend werden. Es geht hin und her und wir kommen nie wirklich zur Ruhe. Doch in der ständigen Auseinandersetzung mit unseren Grenzen vergessen wir häufig, dass wir auch noch ein Land inmitten dieser Grenzen zur Verfügung haben. Und dieses Landesinnere verleiht uns unsere individuelle Identität. Die Grenzen hingegen geben unserem Leben lediglich einen Rahmen.

Aber haben wir eigentlich eine Ahnung von unserem Land? Können wir beschreiben, wie es aussieht? Oder entspricht der Blick auf unser Land eher einem Blick in eine undurchsichtige Dschungellandschaft?

Es kommen immer wieder Frauen zu mir in die Beratung mit dem Anliegen, *selbstbewusster* zu werden. Sie sehnen sich danach, den Wert ihrer eigenen Person noch besser zu erkennen, damit sie in bestimmten Situationen mehr Mut und Standfestigkeit besitzen. Sie wünschen sich, ihre Gaben und

Fähigkeiten zu entdecken, um sie einzusetzen und auszuprobieren. Allerdings wissen sie oft gar nicht, wie sie das anfangen sollen. Sie sehnen sich danach, selbstbewusster zu sein – also ihres Selbst bewusster zu sein. Das, was ihnen aber eigentlich fehlt, ist ein Bewusstsein für ihr Land. Das, was ihnen fehlt, ist im übertragenen Sinn, und um im Bild zu bleiben, ein Bewusstsein für ihre Ressourcen und Bodenschätze.

Im ständigen Wechselspiel zwischen Grenzgänger und Grenzvermeider ist uns der Überblick über unser Lebensland abhandengekommen. Wir können vielleicht Facetten dieses Landes beschreiben, doch es fällt uns schwer, unser Land in seiner Fülle und Ganzheit zu begreifen und zu erkennen. Vieles bleibt unberührt und ungenutzt brach liegen.

Doch in dem Maß, in dem wir unser Land entdecken und unsere Ressourcen und Bodenschätze heben, in dem Maß werden wir auch *selbstbewusster*. Wir werden zu Bürgern unseres eigenen Landes. Wir kommen zu Hause an und finden eine Heimat.

Ich nutze in der Beratung gerne kreative Möglichkeiten, um für meine Ratsuchenden das, was in ihnen steckt, sichtbar werden zu lassen. Eine Möglichkeit davon ist das Malen. Dabei geht es nicht darum, ein großes Kunstwerk zu schaffen, sondern vielmehr darum, mit den eigenen Möglichkeiten das auszudrücken, was wir nicht in Worte fassen können. Daher lade ich Sie an dieser Stelle einfach einmal ein, kreativ zu werden und Ihr eigenes Land aufzumalen:

- Wie sieht Ihr Land aus?
- Welche Form und welche Größe hat es?
- Welche Farbe steht am ehesten für Ihr Land?

Auf dieser Seite können Sie Ihr eigenes Land aufmalen.

Um ein immer vollständigeres Bild von Ihrem Landesinneren zu bekommen, können Sie nun Schritt für Schritt ein paar Details in dieses Bild einfügen. Denn einige Gebiete unseres Landes sind uns bereits durch unsere Rollen, die wir in unserem Alltag ausfüllen, bekannt. Wir sind beispielsweise Mann oder Frau, Kinder, Eltern, Nachbarn, Freunde, Ehepartner, Arbeitskollegen, Gemeindemitglieder, Bekannte und vieles mehr. Diese Rollen sind Teil unserer Identität.

Zum anderen erledigen wir in unserem Alltag bestimmte Aufgaben und besitzen Fähigkeiten und Charaktereigenschaften, die uns ganz selbstverständlich vorkommen, die uns aber dennoch bestimmen. Vielleicht sind Ihnen außerdem einige Gaben bekannt, die Ihnen besonders Freude machen und leicht von der Hand gehen. Malen oder schreiben Sie nun all das, was Sie über sich wissen in Ihr Landesinneres:

- Welche Rollen füllen Sie in Ihrem Leben aus?
- Welche Dinge in Ihrem Beruf oder in Ihrer Freizeit machen Sie gut und gerne?
- Welche Fähigkeiten und Begabungen haben Sie?
- Welche Charaktereigenschaften besitzen Sie?

Auf diese Weise erhalten wir ein immer deutlicheres Bild von unserem Land. Wir können besondere Passagen und Bereiche entdecken und uns unseren Reichtum und unsere Möglichkeiten neu veranschaulichen. Es ist ein Bild, das wir immer wieder ergänzen können.

Aber dies ist erst der erste Schritt. Denn auf diese Art und Weise werden wir früher oder später doch wieder an unsere Grenzen stoßen und uns wird erneut deutlich: „Ich bin vielleicht eine Mutter, aber zurzeit bin ich eine schlechte Mutter. Ich habe viel zu wenig Zeit für meine Kinder, und es ist schon lange her, dass wir zusammen gelacht und kostbare Zeit miteinander verbracht haben." Oder uns wird klar, dass wir zwar wirklich gut singen können, aber eigentlich nicht so schön, wie unsere Nachbarin.

Wir werden nur dann Freude an unserem Land gewinnen, wenn wir auf *wert*volle Reichtümer in dessen Inneren stoßen. Erst wenn wir *Wert*volles in unserem Land erblicken, was uns selbst in unseren eigenen Augen *wert*voll und liebens*wert* macht, werden wir Gefallen an ihm finden. Erst dann werden wir ermutigt, weiterzuforschen und neue Entdeckungen zu machen, um uns besser kennenzulernen und Selbstbewusstsein zu erlangen. Erst wenn wir den Wert unseres eigenen Landes kennen, wird unser Bestreben stiller, den vermeintlich erstrebenswerten Werten außerhalb unseres Landes hinterherzueifern. Sie bringen uns ohnehin nur dazu, unsere Grenzen zu sehr zu strapazieren oder frustriert zurückzuweichen. Auf diese Weise beginnen wir, in unserem eigenen Land anzukommen.

Der Wert unseres Landes

„Wie wärest du wohl heute, wenn du Gott nicht kennengelernt hättest?" Mein Mann und ich liegen in unserem Garten in der Sonne und philosophieren über Gott und das Leben. Sicherlich weiß ich, dass ich diese Frage nicht wirklich beantworten kann, doch seine Frage geht mir nach.

Soweit ich denken kann, sehnte ich mich danach, dass mein Leben etwas Besonderes ist. Ich wollte nicht einfach irgendwer sein, eine Nummer unter vielen. Ich wollte außergewöhnlich sein. Mein Leben sollte sich aus den vielen anderen hervorheben. Es sollte Sinn und Wert haben.

Doch diese Sehnsucht nach Bedeutsamkeit, Wertachtung und Zuneigung führte mich auf ganz andere Wege. Ich geriet in eine Beziehung, in der ich Verletzungen erleben musste und mir wenig Wertachtung entgegengebracht wurde. Ich spürte, dass diese Beziehung mir schadete, doch ich war unfähig, etwas daran zu ändern. Meine Sehnsucht nach Zuneigung und Wertachtung war einfach zu groß. Ich schämte mich zwar für das, was ich alles über mich ergehen ließ, doch ich änderte nichts daran. Ich kannte keine Alternative. Es war wie ein Sog, der mich immer tiefer riss. Es war eine Abhängigkeit, aus der ich allein nicht herauskam.

Eines Abends vor dem Schlafengehen rutschte mir ein Gebet heraus. Ich hatte schon lange keines mehr gesprochen und ich wusste nicht, ob Gott meine Worte überhaupt hören würde und ob er sich überhaupt an mich erinnern konnte. Doch an diesem Abend wagte ich es: „Herr, wenn diese Beziehung nicht gut für mich ist, dann beende du sie. Ich kann es nicht."

Und von da an ging es plötzlich ganz schnell: Die Beziehung zerbrach.

Ich kann heute nicht mehr sagen, wie und warum. Es folgte ein großes Durcheinander. Doch ich glaube einfach, dass Gott mich aus dieser Beziehung befreite. Er hat mich dort herausgeholt und mich von dieser falschen Abhängigkeit befreit. Er hatte sich anscheinend an mich erinnern können und er hatte mein Gebet erhört.

Durch eine berufliche Veränderung war ich ein paar Wochen später in der Lage, mir eine längere Auszeit zu nehmen. Ich wollte diesen Gott, der mein Gebet erhört hatte und dem ich anscheinend wichtig war, besser kennenlernen. Also flog ich nach Kanada, weit genug von zu Hause entfernt, um aus dieser Distanz mein Leben neu zu ordnen.

Ich verbrachte meine Zeit mit Menschen, die mir mehr von Gott erzählen konnten und denen ich all meine Fragen stellen durfte. Hier in der Ferne erlebte ich, was in der Bibel im Johannesevangelium in Kapitel 3, Vers 16 (Hfa) geschrieben steht: „Denn Gott hat die Menschen *so sehr geliebt*, dass er seinen einzigen Sohn für sie hergab. Jeder, der an ihn glaubt, wird nicht zugrunde gehen, sondern das ewige Leben haben."

Denn Gott ging mir nach. Ich war ihm offensichtlich wichtig und er wollte mir ein anderes Leben zeigen. Seine Liebe zu mir war so groß, dass er alles tat, um mit mir in Beziehung zu treten, obwohl ich ihm nichts Ruhmreiches von mir bringen konnte.

Dies ist nun einige Jahre her. „Wie wärest du wohl heute, wenn du Gott nicht kennengelernt hättest?", lautete die

Frage meines Mannes in unserem Garten. Ich gehe in meinen Gedanken die Jahre zurück. Damals suchte ich meine Wertachtung und Anerkennung in der Beziehung zu meinem damaligen Freund. Um diese Liebe zu erhalten, nahm ich es auf mich, dass ich verletzt und betrogen wurde. Doch anstatt meine ersehnte Achtung zu gewinnen, verlor ich mehr und mehr die Achtung vor mir selbst.

Gott zeigte mir jedoch eine ganz andere Art von Beziehung. Er schenkte mir seine Liebe, noch bevor ich sie erwidern konnte. Und auch heute noch begegnet er mir respektvoll und achtsam. In seiner Gegenwart werde ich wertgeschätzt und erlange Würde. *Seine Liebe* macht *mich* wertvoll. Sie stillt meine Sehnsucht nach Wert und Anerkennung. Seine *wert*schätzende Liebe schenkt mir Lebenswert. Unsere Identität wird nicht länger beliebig durch unsere Grenzen definiert, sondern durch die grundlegende Beziehung zu Gott. Diese Beziehung zu ihm schenkt uns Identität. Auf diese Weise erhält unsere Identität Beständigkeit, denn Gottes *Ja* zu uns ist ewig und unveränderlich. Wir erlangen Bestätigung in unserer Persönlichkeit.

Ich kann nicht sagen, wer ich heute wäre, wenn ich Gott nicht kennen würde, aber durch die Beziehung zu ihm kann ich sagen, wer ich heute bin: Ich bin Gott so viel wert, dass er mir seine große Liebe schenkt.

Gott legt jedem von uns seine Liebe als guten Mutterboden in unser Landesinneres, noch bevor wir seine Liebe überhaupt erwidern. Sie ist der Bodenschatz, der unserem Land Wert schenkt. Je deutlicher und bewusster uns dieser Wert unseres Lebenslandes wird, umso mehr können wir seine Schönheit und Fülle entdecken und umso verantwortlicher können wir mit unseren Grenzen leben lernen. Keine Grenze, weder unsere inneren Grenzen noch äußere Grenzen, können uns von seiner Liebe trennen.

Durch Gottes unveränderliches Ja zu uns können wir beginnen, unser Land *wahrzunehmen*. Wir können anfangen, unser Land inklusive unserer Grenzen *anzunehmen* und unser Land in seiner einzigartigen Schönheit *einzunehmen*.

Dieser Dreiklang aus Wahrnehmen, Annehmen und Einnehmen beschreibt einen Prozess, der uns hilft, nach Hause zu kommen – in unser eigenes Land. Es ist ein Heilungsprozess. Ein Wachstumsprozess. Eine neue Lebensweise. Es ist eine Reise in unser Herz, in die Quelle und den Ursprung unseres Lebens. Und es ist die Begegnung mit dem lebendigen und auferstandenen Jesus Christus. Der Blick auf unsere Grenzen zeigt uns früher oder später, wer oder was wir gerade *nicht* sind. Doch richten wir unseren Blick auf Jesus, dann dürfen wir erkennen, *wer* wir sind. Auf diese Weise kommen wir an – ganz bei uns selbst und ganz bei Gott.

Fragen zu Ihrem persönlichen Land:

1. Wie schwer oder leicht ist es Ihnen gefallen, Ihr Land zu benennen und aufzumalen?

....

....

....

2. Haben Sie eine Ahnung von der großen Liebe, die Gott Ihnen zukommen lässt und die er Ihnen als Bodenschatz in Ihr Land gelegt hat?

....

....

....

3. In welcher Weise verändert seine Liebe Ihre Sichtweise über Sie selbst?

....

....

....

4
Wahrnehmen

Manchmal, wenn ich vor dem Spiegel stehe und unzufrieden all die Dinge an mir kritisiere, die mir nicht gefallen, dann kontert mein Mann: „Hör bitte auf, so über die Frau zu sprechen, die ich liebe." Dieser Satz entwaffnet mich. Ich muss schmunzeln. Auch, wenn ich es oft nicht wirklich glauben kann, dass mein Mann mich offensichtlich mit ganz anderen Augen sieht, so kitzeln seine Worte mein Herz. Mein Blick auf mich selbst, also auf die Schönheit meines Landes, ist häufig eher kritisch. Das, was ich dort sehe, hat in meinen Augen meist keine großartige Bedeutung und ich empfinde es als wenig wertvoll. Die Dinge, die ich *nicht* habe und *nicht* kann, die sehe ich viel stärker und nehme mich darin so ganz anders wahr, als es mein Mann tut.

Doch solch ein Perspektivwechsel ist dann ein kleines wohltuendes Geschenk für mein Herz. Denn eigentlich weiß ich genau, mein Problem sind nicht meine Hüften, meine Falten oder mein Bauch, sondern die tiefe Angst dahinter, dass ich mit diesen *Problem*zonen an Anerkennung verliere und einfach nicht mehr so liebens*wert* bin.

Genauso wie mein Mann von mir, so hat auch Gott seine ganz eigene Wahrnehmung von uns Menschen, die sich häufig von unserer eigenen unterscheidet. Das wird uns durch die Bibel deutlich. Sie zeigt uns, was Gott über uns denkt und wie er uns sieht. Es ist, als würde er uns einen Spiegel vor unser Gesicht halten, damit wir sehen können, wie wertvoll und geliebt wir in seinen Augen sind.

Gleich zu Beginn der Bibel in 1. Mose 1 wird Gottes Wahrnehmung von uns deutlich. Wir finden dort eine Beschreibung davon, wie Gott diese Welt, in der wir leben, und uns Menschen, in unserer Vielfalt, geformt und geschaffen hat. Er ist unser Schöpfer. Alles hat er gemacht. Mit seiner Hand wurde alles geformt: Tag und Nacht, Erde und Meer, Pflanzen und Tiere, Sonne, Mond und Sterne hat er gestaltet und als Krönung der Schöpfung hat er sich den Menschen erdacht. Sein Prachtstück.

Sechs Arbeitstage war er am Werk. Schritt für Schritt schuf er an jedem einzelnen Tag einen Teil dieser Welt, wie er sie sich gedacht hatte. Am sechsten Tag, als Krönung seiner Schöpfung, formte er den Menschen. Und als er damit fertig war, heißt es in der Bibel: „Dann *betrachtete* Gott alles, was er geschaffen hatte, und *es war sehr gut*“ (1. Mose 1,31, (Hfa).

Gott tat zwei Dinge: Zum einen *betrachtete* er sein Werk und zum anderen erachtete er es für *sehr gut*.

Gott betrachtet sein Werk

Alles, was Gott, unser Schöpfer, geformt hat, *betrachtete* er. Er schaute alles, was er voll Freude und mit liebevoller Hand geschaffen hat, an. Kennen Sie das, dass Sie das, was Sie mit eigener Hand gemacht haben, immer wieder staunend betrachten *müssen*?

Vor ein paar Wochen habe ich unser Blumenbeet vor unserer Haustür von Unkraut und vertrockneten Blumen befreit. Es war eine Arbeit, die einen halben Tag in Anspruch genommen hat. Es war ein wahres Durcheinander gewesen und ich arbeitete mich nach und nach vorwärts. Am Abend war ich fertig. Oh, wie schön das aussah. Wie sauber und wie klar. Alles war in Form gebracht und plötzlich waren wieder Blumen zu erkennen, die vorher im Wust des Unkrautes verschwunden waren. Den ganzen Abend über musste ich immer wieder aus dem Fenster blicken, um mir mein Tagwerk anzuschauen. Der Dreck unter meinen Nägeln war noch sichtbar und ich spürte ein wenig Muskelkater in meinen Fingern. Doch dieser Anblick war für mich eine große Freude. All die Mühen und meine Anstrengungen machten meine Freude an meinem Ergebnis nur noch größer. Mein Aufwand hatte sich gelohnt und dieser Anblick brachte mein Herz einfach zum Lachen.

Wie viel mehr muss Gott eine riesige Freude erfüllt haben, als er sein Werk, das so viel großartiger und komplexer ist, als mein kleines Blumenbeet, betrachtete. Wie viel mehr muss er voll Freude vor jedem einzelnen Menschen stehen, den er sich liebevoll erdacht und voll Leidenschaft gemacht hat. Seine Schöpfungsgeschichte mit uns Menschen fing ja damals erst an. Tagtäglich erblicken Babys in allen Teilen der Erde das Licht der Welt. Gott ist als Schöpfer am Werk, nicht nur damals, sondern auch heute. Und er betrachtet seine Geschöpfe. Er ist seinen Geschöpfen ganz nah, weil er jeden einzelnen in seinen Händen hielt und mit seinen eigenen Fingern formte.

Er blickt uns an. Jeder Mensch ist sein kostbares Werk. Er sieht *uns*. Und sein Blick schenkt uns Würde.

Wir sind gesehen. Wir sind wahrgenommen. In unserer Last, unserer Not, unserer Begrenzung, unserer Sehnsucht und unserer Bedürftigkeit sind wir gesehen. Wir sind darin nicht allein. Wir sind in unserer Freude, unserer Stärke, unserer Kraft und unserer Energie wahrgenommen und das nicht nur in dem Moment, in dem wir *fertiggestellt* wurden, sondern jeden Tag und jede Minute neu.

Egal, was Sie gerade tun und wo Sie gerade stehen. Gott sieht Sie. Egal, ob Sie gerade in Gedanken bei ihm sind oder mit ganz anderen Dingen beschäftigt, Gott blickt Sie an. Er sieht Ihre Mühen, Ihre Ängste, Ihre Sorgen, Ihren Streit, Ihre Zweifel, Ihre schmerzvolle und ungestillte Sehnsucht, all Ihren Frust und Ihre Verletzungen. Er schaut Sie in sanfter und zärtlicher Liebe an. Er verliert niemanden aus den Augen. Und dadurch, dass wir von Gott liebevoll *angesehen* werden, haben wir schon längst *Ansehen* erlangt. Gott, unser Schöpfer, macht uns zu Menschen mit *Ansehen*.

Gott erachtet sein Werk als sehr gut

Und Gott tut noch ein Zweites: Er bildet sich seine Meinung aus dem, was er sieht: „Und siehe, es war *sehr gut.*" Er ist mit dem Ergebnis sehr zufrieden. Besser geht es nicht. Sein Urteil lautet: *Sehr gut.* Alles, was er geschaffen hat, ist einwandfrei und perfekt. Es gibt keine Ausnahme, denn Gott vertut sich nicht. Niemand von uns ist ein *Montags*werk. Niemand. Unser Vater im Himmel, der allmächtige Gott, der König der Könige und der Schöpfer dieser Welt erachtet uns für *sehr gut.*

Es mag sein, dass Dinge in Ihrem Leben nicht so laufen, wie Sie sich das gedacht haben. Es mag sein, dass Sie an Ihren Gaben und Fähigkeiten zweifeln. Es mag sein, dass es Ihnen schwerfällt, etwas Gutes an sich selbst zu sehen. Und es mag sein, dass andere Menschen Sie gerade verletzen und Ihnen etwas anderes weismachen wollen. Doch all das ändert nichts an dem Schluss, zu dem Gott hinsichtlich Ihrer Person gekommen ist: *Sehr gut.*

Vielleicht läuft Ihre Beziehung oder Ihre Ehe nicht so, wie Sie es gerne hätten, und Sie leiden darunter, können aber irgendwie nichts daran ändern. Vielleicht entpuppen sich Ihre Vorstellungen über den neuen Job als falsch, und Sie spüren, dass Sie dem nicht gewachsen sind. Vielleicht trauen Sie sich selbst nichts zu, weil Ihnen ständig gesagt wurde, dass Ihre Fähigkeiten nicht ausreichen. Vielleicht haben Sie Entscheidungen gefällt, die Sie – bei genauer Betrachtung – lieber nicht hätten treffen sollen. Vielleicht ärgern Sie sich darüber, dass die eng geschnittene Hose Ihnen nicht so gut steht wie Ihrer eigenen Mutter oder Ihre Gabe, Klavier zu spielen, nicht so gut ausgebildet ist wie die Ihrer Freundin. Vielleicht ist in Ihrem Leben so einiges anders gelaufen, als Sie einmal gedacht haben, und immer wieder macht sich das Urteil, das Sie über sich selbst gefällt haben, bemerkbar: „Ich habe Mängel. Ich bin mangelhaft."

Egal, wie Sie sich selbst wahrnehmen, Gott betrachtet Sie, er schaut Sie an und erachtet Sie als *sehr gut.* Er hat sich längst eine Meinung über Sie gebildet. Ganz egal, ob Sie das glauben können oder nicht. Seine Meinung steht über Ihrem Leben, wie ein Etikett auf einem Kleidungsstück: *Sehr gut.*

Es fiel mir anfangs sehr schwer, den Worten meines Mannes zu vertrauen, wenn wir gemeinsam vor dem Spiegel standen. Doch mittlerweile weiß ich, dass er seine Worte nicht als Floskel gebraucht, um mich freundlich zu stimmen. Ich weiß auch, dass es nicht einfach tote und leere Worte sind, sondern dass sie seiner Wahrnehmung von mir entsprechen. Ich vertraue ihm und weiß, dass er nichts sagen würde, was er nicht wirklich denkt, ganz egal, ob ich dem zustimmen kann oder nicht. Doch dieses Vertrauen in seine Worte musste erst wachsen. Es brauchte Zeit und immer wieder lange und geduldige Gespräche, damit wir einander immer besser verstehen und kennenlernen konnten.

Und genau so muss auch erst mal unser Vertrauen zu Gott wachsen. Wir müssen erleben, dass wir seinen Worten trauen können und dass sie seiner Wahrheit entsprechen. Wir müssen erfahren, dass seine Worte unumstößlich und unveränderlich sind, sie galten uns gestern und sie gelten uns auch morgen. Solch ein Vertrauen entsteht nicht von heute auf morgen. Es darf wachsen und braucht Zeit. Schritt für Schritt.

Heute sind Sie eingeladen, einen dieser Schritte zu wagen. Sie dürfen der Meinung vertrauen, die Gott, der Sie geschaffen und erdacht hat, von Ihnen hat. Heute sind Sie eingeladen, all Ihre Zweifel und Gegenargumente ruhen zu lassen und einen Perspektivwechsel auf Ihr Landesinneres zu wagen. Ganz egal, welches Urteil andere Menschen – Ihre Eltern, Ihr Ehepartner oder Freund/-in, Ihre Kollegen, Ihre Bekannten, Ihre Nachbarn, Ihre Geschwister oder Sie selbst –, die Sie nicht annähernd so gut kennen, wie Gott Sie kennt, über Sie gefällt haben, heute sind Sie eingeladen, sich durch Gottes liebende Augen zu betrachten, um von tiefstem Herzen sagen zu können: *Sehr gut.* Ich bin sehr gut gemacht, ganz egal, was ich selbst oder was andere über mich sagen, denn der allmächtige Gott hat mich für wertvoll erachtet.

Unsere Grenzen wahrnehmen lernen

Von Gott, unserem Schöpfer, bestätigt und bejaht zu sein, so wie wir sind, ermöglicht uns, uns selbst mit unseren Grenzen wahrnehmen zu lernen. Wir sind als seine Geschöpfe inklusive unserer Grenzen wertgeachtet. Er nimmt uns in ihnen an und kommt immer noch zu ein und demselben Fazit über uns: *Sehr gut.*

Der Grenzgänger in uns kann durch diese Bestätigung zur Ruhe kommen, denn Gott macht uns von Anfang an zu

Angesehenen. Wir dürfen erleben, dass wir mit unseren Grenzen wahrgenommen sind und können dadurch lernen, unser Land mit unseren Grenzen ebenfalls wahrzunehmen. Wir lernen unser Land anzublicken und den Anblick auszuhalten. Wir können lernen wahrzunehmen, wann uns Dinge zu viel und zu schwer werden und wann wir Zeiten zum Pausieren und Auftanken benötigen.

Für den Grenzvermeider in uns bedeutet Gottes *„sehr gut"* eine ganz neue Perspektive. Unsere Grenzen verlieren die Macht, uns runterzudrücken und zu knechten. Im Blick auf Gott können wir ein ganz neues Bewusstsein für uns selbst und unser Landesinneres erhalten, denn wir sind bestätigt und geliebt. Wir sind wertgeschätzt und geachtet. Ganz gleich, was wir oder andere denken, Gottes Urteil über uns wird sich nicht ändern, seine Liebe gilt uns – unumstößlich.

In der Beratung mache ich oft eine kleine Übung mit meinen Ratsuchenden: Ich lade mein Gegenüber ein, sich entspannt hinzusetzen, die Augen zu schließen und einfach mal den eigenen Körper zu spüren und Folgendes zu überlegen:

- Wo fühle ich Anspannung?
- Wo nehme ich Schmerzen wahr?
- Kann ich mich entspannen oder blockiert mich etwas?

Solche Übungen helfen uns, bei uns selbst anzukommen und ein neues Gespür für uns und unseren Körper zu erlangen. Auf diese Weise lernen wir, Gottes gute Schöpfung in uns wahrzunehmen. Mithilfe solcher kleiner Übungen dürfen wir uns kurz die Zeit nehmen, um innezuhalten und folgende drei Fragen zu beantworten:

Hier können Sie Ihre Antworten auf die eben genannten Fragen notieren

1. Was läuft in meinem Leben gut und kann so bleiben wie es ist?

....

....

....

2. Wo spüre ich meine Grenzen?

....

....

....

3. Was möchte ich ändern, damit es mir morgen, nächste Woche oder nächstes Jahr besser geht als heute?

....

....

....

....

Wenn unsere familiäre Situation belastend wird, weil einfach viel zu viel auf uns einstürmt oder längerfristig terminliche Engpässe bestehen, dann neige ich dazu, meine Kraftreserven zusammenzukratzen und getreu des Mottos „Augen zu und durch" all das zu erledigen, was zu tun ist. Ich werfe meinen Kraftmotor an. Dieser Kraftmotor lässt mich wirklich viele Dinge schaffen und organisieren, ich bekomme auch so einiges auf die Reihe, doch eines nimmt in solchen Momenten gewaltig ab: meine Mitmenschlichkeit. Mein Kraftmotor läuft häufig auf Kosten der Menschen, die mir am nächsten stehen. Die Bedürfnisse meiner Kinder und meines Mannes werden zu Aufgaben, die ich abzuarbeiten habe und ich vergesse, dass hinter diesen Bedürfnissen noch Menschen stehen, die nicht einfach nur funktionieren möchten. In diesen Momenten sind meine eigenen Grenzen bereits überschritten. Ich scheine selbst irgendwie noch zu funktionieren, habe allerdings den Bezug zu meinen eigenen Bedürfnissen längst verloren.

Mittlerweile kann ich meine Alarmsignale ein wenig besser verstehen. Erkenne ich sie rechtzeitig, dann versuche ich gegenzulenken. Ich versuche die Umstände, in denen ich stecke, zu verbessern oder für mich selbst besser zu sorgen. Auf diese Weise gewinne ich meine Menschlichkeit zurück – für mich selbst und meine Liebsten – und mein Kraftmotor arbeitet nicht mehr so zerstörerisch. Die positiven Seiten meines Kraftmotors kommen zum Vorschein, denn eigentlich bin ich froh, dass es ihn gibt.

Gott hat uns geschaffen – unseren Körper und unsere Persönlichkeit. Er hat uns unser Land zur Verfügung gestellt und uns unsere Grenzen zum Schutz gesteckt, damit wir uns nicht überfordern oder erschöpfen. Wir dürfen lernen, seine gute Schöpfung an uns wahrzunehmen. Er betrachtet uns aus seiner Perspektive, ganz wertschätzend und anerkennend. Sein Anblick macht uns zu Angesehenen. Heute lädt er Sie zu einem Perspektivwechsel ein. Folgendes Gebet aus Psalm 139,13-16 (Hfa) kann Ihnen dabei eine Hilfe sein:

Du hast mich geschaffen – meinen Körper und meine Seele, im Leib meiner Mutter hast du mich gebildet. Herr, ich danke dir dafür, dass du mich so wunderbar und einzigartig gemacht hast. Großartig ist alles, was du geschaffen hast – das erkenne ich. Schon als ich im Verborgenen Gestalt annahm, unsichtbar noch, kunstvoll gebildet im Leib meiner Mutter, da war ich dir dennoch nicht verborgen. Als ich gerade erst entstand, hast du mich schon gesehen. Alle Tage meines Lebens hast du in dein Buch geschrieben – noch bevor einer von ihnen begann.

5
Annehmen

„Du musst das einfach annehmen, wie es ist!", so lautete der gut gemeinte Ratschlag meiner Freundin für ihre Bekannte. Die Frau, der sie diesen Rat gab, ist Ende dreißig. In ihrem Umfeld haben alle Frauen bereits Kinder und besitzen ein eigenes kleines Haus mit Garten. Es ist das Leben, wonach sie sich sehnt, doch leider läuft es bei ihr etwas anders. Der Kindersegen will sich bei ihr und ihrem Mann seit Jahren nicht einstellen. Kürzlich hat sich der Kauf ihres ersehnten Eigenheims zerschlagen und sie beginnen wieder von null.

„Man muss das *einfach* annehmen wie es ist, man kann es ja ohnehin nicht ändern." Solche gut gemeinten Ratschläge höre ich häufig als Reaktion auf das Leiden anderer. Doch leider ist gerade dieses Annehmen unserer Grenzen alles andere als *einfach*. Ich stelle mir vor, wie die Bekannte meiner Freundin ihr ganzes Leben diesem einen Traum entgegengelebt hat. Und nun, so kurz vor ihrem vierzigsten Geburtstag, wird plötzlich deutlich, dass dieser Traum nicht in Erfüllung gehen wird. Ich kann mir vorstellen, dass sie gerade mit aller Deutlichkeit die Grenzen ihres Landes spürt und dass diese Grenzen sie bedrohen und quälen.

Das, wonach wir uns so ausgesprochen sehnen, das können wir nicht von heute auf morgen aufgeben und abhandeln, als wäre nichts gewesen. Wir können es nicht einfach von heute auf morgen loslassen und ablegen. So etwas braucht Zeit.

Das Annehmen solcher Grenzen würde erleichtert, wenn wir attraktive Alternativen kennen, neue Wege erahnen und andere Wege beschreiten könnten, doch genau das fällt uns in solchen Situationen so schwer. Gerade das wollen wir ja nicht.

Wir wollen nicht akzeptieren, dass wir keine eigenen Kinder bekommen können. Wir wollen nicht akzeptieren, dass uns unser Partner verlassen hat und wir nun allein unser Leben auf die Reihe bekommen müssen. Wir wollen nicht wahrhaben, dass wir bestimmte Fähigkeiten nicht besitzen oder die Dinge, die sonst *jeder* weiß, nicht wissen. Wir wollen uns nicht eingestehen, dass wir uns die teuren Markenklamotten eigentlich gar nicht leisten können und der neue Job, den wir gerade durch unsere Beförderung begonnen haben, eigentlich viel zu groß für uns ist. Wir wollen nicht akzeptieren, dass wir uns viel zu viel vorgenommen und uns damit maßlos übernommen haben. Wir wollen und können unsere Grenzen nicht annehmen. Denn das würde bedeuten, dass wir akzeptieren, dass wir das, was uns so wertvoll erscheint, nicht erreichen können und damit zulassen, vermeintlich *minderwertiger* zu sein. Aus dem Grund versuchen wir lieber unser Empfinden und unsere Gefühle zu unterdrücken und zu ersticken, um zu verheimlichen, dass wir eigentlich an unsere Grenzen stoßen.

Nein, *einfach* ist das Annehmen unserer Grenzen wirklich nicht. Gerade in einer Zeit, in der uns immer wieder vor Augen geführt wird, dass unser Leben immer grenzenloser wird. Stört uns der Speck am Bauch, dann lassen wir ihn einfach absaugen. Kommen langsam die ersten grauen Haare, dann beginnen wir unsere Haare zu tönen. Ist uns unsere Oberweite zu gering, dann lassen wir sie einfach unterfüttern. Alles ist machbar. Alles geht irgendwie.

Zahlreiche Zeitschriften verkaufen uns die besten Ideen, wie wir noch mit sechzig und siebzig Jahren aussehen, als wären wir zwanzig. Die Fülle dieser Ideen und Ratgeber reizen uns nur noch mehr, unsere Grenzen weiter zu dehnen und zu überschreiten, anstatt Mut zu fassen und unsere Begrenzungen zu akzeptieren.

Es klingt auch viel *einfacher*, unsere Begrenzungen in einem 10-Schritte-Programm zu dehnen und zu ignorieren, als sie zu tolerieren. Und so empfinde ich es eher als ein Wunder, wenn jemand in der Lage ist, seine Grenzen – seien sie körperlicher, geistiger, emotionaler Art oder durch bestimmte Umstände gegeben – zu akzeptieren und das Leben in Anbetracht dieser Grenzen neu zu gestalten. Viel häufiger begegne ich Menschen, die ihre Grenzen nicht annehmen können, obwohl sie schmerzlich darunter leiden:

Mir kommt eine sehr elegante ältere Dame in den Sinn. Ich kann nicht sagen, wie alt sie ist, denn man kann ihr ihr Alter nicht ansehen. Sie trägt die Mode, die sonst die Zwanzigjährigen tragen. Sie kann das durchaus tun, denn ihr Körper sieht tadellos aus. Allerdings kann sie das Älterwerden nicht genießen. Sie versucht sich um jeden Preis der Welt ihre Jugend zu erhalten. Geburtstage sind für sie Hindernisse, die immer schwerer zu überwinden sind. Sie stellen für sie eine große Bedrohung dar. Doch sie kann und will diese Grenze nicht akzeptieren und investiert viel Kraft, Zeit, Geld und Energie, um sie zu dehnen und zu durchbrechen.

Wir wollen und können unser Land inklusive unserer Begrenzungen nicht annehmen. Wir wollen nicht akzeptieren, dass wir das, was wir so wahnsinnig gerne hätten, nicht bekommen können. Eine Ratsuchende, die darunter leidet, keinen Ehepartner zu haben, beschrieb das einmal ganz eindrücklich in einem Bild: „Ich komme mir manchmal so vor, als wäre ich ein Kind, das im Einkaufswagen an der Kasse steht und mit der Mutter darüber streitet, die gewünschte Süßigkeit zu bekommen, die dort verlockend angeboten wird. ‚Ich will aber!', schreie ich und umklammere das, was ich so unbedingt haben will. ‚Ich will! Ich will! Ich will!', schreie ich immer lauter und werfe mich dabei auf den Boden."

Unser Land so anzunehmen, wie es ist, das gelingt uns nicht *einfach* so. Das entspricht nun einmal nicht unserem menschlichen Wesen.

Wie schwer es ist, das eigene Land mit den gegebenen Grenzen zu akzeptieren, erlebten bereits Adam und Eva im Paradies. Wir nutzen dieses Wort gerne, wenn wir uns an tollen Urlaubsorten aufhalten und dort über die Schönheit der Natur und das Lebensgefühl, das es in uns auslöst, staunen können. Paradiesische Umstände nennen wir in unserem Sprachgebrauch Situationen und Orte, die wir mit Superlativen bezeichnen wollen. Das Paradies muss also ein unübertrefflicher Ort gewesen sein: *Am schönsten, am einmaligsten, am eindrücklichsten, am erstaunlichsten, am faszinierendsten, am genialsten.* Besser geht es nicht. Eben das Paradies. Adam und Eva wird es dort mit Sicherheit richtig gut gegangen sein. Sie werden alles gehabt haben, was sich ein Mensch nur erträumen kann.

Doch selbst in diesem paradiesischen Leben, können und wollen Adam und Eva ihre Grenzen nicht annehmen. Das, was sie haben, ist ihnen noch zu wenig. Sie wollen auch das noch haben, was ihnen strengstens untersagt ist, denn dieses Paradies hat eine einzige Begrenzung (1. Mose 3,3, LÜ): „Von den Früchten des Baumes mitten im Garten hat Gott gesagt: Esset nicht davon, rühret sie auch nicht an, dass ihr nicht sterbet.“ Genau diese eine Begrenzung wollen Adam und Eva nicht annehmen. Anstatt sie zu akzeptieren und als gut anzusehen, durchbrechen sie bewusst die Grenze ihres Landes.

Adam und Eva werden darin zu Grenzgängern. Ihr Land reicht ihnen nicht aus. Das, was sie haben, genügt ihnen nicht. Sie reizt das, was sie noch nicht besitzen. Die vermeintliche Freiheit und Erweiterung ihres Landes, die sie durch ihre Grenzüberschreitung erwarten, tritt allerdings nicht ein. Ganz im Gegenteil. In ihrer Grenzüberschreitung erleben sie eine noch größere Begrenzung. Sie werden ihrer Freiheit beraubt, mit der sie zuvor ganz unbekümmert lebten. Durch ihre Grenzüberschreitung entdecken sie plötzlich, dass sie nackt sind. Sie verstecken sich und sie schämen sich zutiefst. „Hastig flochten sie Feigenblätter zusammen und machten einen Lendenschurz" (1. Mose 3,7 Hfa).

Wie Adam und Eva machen wir uns lieber einen Lendenschurz um das, was uns unangenehm und peinlich ist und versuchen auf diese Weise, die Wahrheit über unsere Begrenzungen zu verheimlichen. Dieser Lendenschurz ist unsere Tarnung. Er besteht aus unseren Rechtfertigungen, Vertuschungen, Verleugnungen, Täuschungen und Ablenkungen. Er verhüllt all das, was wir nicht preisgeben wollen und wofür wir uns schämen. Denn wir wollen verhindern, dass jemand sehen könnte, wie *nackt* wir tatsächlich sind. Wir wollen verhindern, dass jemand erkennen könnte, dass wir gar nicht so großartig sind, wie wir uns darstellen. Es liegt also in unserer menschlichen Natur – seit Adam und Eva –, dass wir die Grenzen unseres Landes nicht *einfach* so annehmen können.

Seit jeher misstrauen wir Gott, dass er es wirklich gut mit uns meint. Und wir finden viele Gründe, die dieses Misstrauen bestätigen:

- „Wenn Gott es wirklich gut mit mir meinen würde, dann hätte er mir nicht so eine breite Nase gegeben."
- „Wenn Gott es wirklich gut mit mir meinen würde, dann hätte ich den tollen Job, der so gut zu mir passte, doch bekommen müssen."
- „Wenn Gott es wirklich gut mit mir meinen würde, dann wäre mein Auto nicht kaputtgegangen."

Diese Liste könnte ich noch lange weiterführen. Es geht uns wie Eva, der die Schlange leise Zweifel einflößt (1. Mose 3,1, GN): „Hat Gott wirklich gesagt …" Und so wächst in uns das Misstrauen gegenüber Gott: „Meinst du wirklich, dass Gott es gut mit dir meint?"

Dieses Misstrauen, das seit Anbeginn der Menschheit in uns steckt, hindert uns daran, unsere Grenzen getrost anzunehmen. Es hindert uns daran, all unsere Lebenspläne, Lebensziele und Lebensumstände vertrauensvoll in Gottes Hand zu legen und ihm zu überlassen. Und es hindert uns daran, unsere Grenzen *einfach* anzunehmen.

Wir sind vor einiger Zeit aus beruflichen Gründen mit unserer Familie in eine neue Stadt gezogen. Ich hatte mir im Vorfeld viele Sorgen über diesen Umzug gemacht: Werden wir ein schönes neues Zuhause finden? Wird das mit dem Umzug und unseren drei kleinen Kindern alles klappen? Wie wird das Leben in dieser Stadt werden? Werden wir und unsere Kinder neue Freunde haben?

Unsere Kinder besuchten eine tolle Kindertagesstätte, wo sie gerne hingingen und ich sie gerne hingehen ließ. Wir fühlten uns dort sehr wohl. Durch unseren Umzug am Jahresende war ich besonders in Sorge, dass wir wieder eine so gute Einrichtung finden würden und so brannte in mir vor allem die Frage: Werden unsere Kinder einen guten Kindergartenplatz bekommen?

Wir haben in dieser Umbruchszeit wirklich tolle Erfahrungen gemacht. Es schien, als hätte Gott alles gut für uns vorbereitet. Doch eines, meiner Ansicht nach, nicht: Das mit dem Kindergarten – das hatte er wohl vergessen. Es schien unmöglich, für unsere Kinder einen Platz in einer Kita zu bekommen.

Der Kindergarten, der mir von unseren Nachbarn wärmstens empfohlen wurde, lehnte unsere Anmeldung ab. Auch zum Sommer hin bestand für uns keine Möglichkeit, unsere Kinder dort unterzubringen. Die anderen möglichen Kindergärten machten uns ebenfalls deutlich, dass für unsere Kinder in den nächsten acht Monaten keine Möglichkeit bestand, dort unterzukommen.

Ich konnte es nicht glauben. Gott hatte doch für alles gesorgt. Warum ließ er uns in diesem Punkt so im Stich? Ich war doch so optimistisch gewesen, dass Gott Möglichkeiten hat, uns auch einen Platz in dem tollen Kindergarten zu beschaffen, aber er tat es nicht.

Auf der Suche nach einer möglichen Einrichtung bekamen wir schlussendlich die Chance, unsere Kinder in einer kleinen privaten Tagesstätte unterzubringen. Allerdings war dies nicht der Kindergarten meiner Wahl. In meinen Augen war er so weit weg von dem, was ich erwartet hatte und was ich mir für meine Kinder wünschte. Ich war zutiefst enttäuscht. Aber uns blieb keine andere Wahl. Und so haben wir uns nach langem Zögern doch entschieden, unsere Kinder dort anzumelden.

Ich konnte es lange nicht verstehen, warum uns nur diese eine Möglichkeit blieb und obwohl sich alles andere so prima gefügt hatte, fiel es mir wahnsinnig schwer, diese eine Tatsache einfach anzunehmen, wie sie war. Ich war enttäuscht und haderte in diesem Punkt mit Gott.

Wenn die Dinge anders laufen, als wir uns das denken, fällt es uns schwer, diese Art von Begrenzung anzunehmen. Doch wie können wir lernen, unser Land mit seinen Grenzen zu akzeptieren, die uns durch unsere Lebensumstände gesetzt werden und die teilweise weitaus nachhaltiger und elementarer sind, als meine Kindergartensituation?

Das Wunder der Annahme

In meinen Augen ist solch ein Annehmen des eigenen Landesinneren – vor allem dann, wenn es sich um Lebensumstände handelt, die wir uns selbst nicht so ausgesucht hätten – tatsächlich ein Wunder. Ich muss an Begegnungen mit Menschen denken, die trotz der Umstände, die sie umgeben, dankbar und fröhlich geblieben sind.

Ich denke da an einen älteren Herrn, der schon seit vielen Jahren mit einer schweren Krankheit zu kämpfen hat. Ihm kommt nie ein böses Wort über seine Lebenssituation über die Lippen. Eine Begegnung mit ihm ist immer ermutigend und bereichernd. Mir fällt auch das Ehepaar ein, das keine eigenen Kinder bekommen kann. Für sie war es immer ein großer Wunsch, Kinder zu haben. Sie lieben Kinder von Herzen und es war nicht leicht, mit der Tatsache leben zu lernen, nie welche haben zu dürfen. Aber sie sind dennoch dankbar. Sie freuen sich an den Kindern ihrer Freunde und in ihrer Familie, als wären es ihre eigenen.

Ja, für mich sind solche Menschen, die gelernt haben, ihre Begrenzungen anzunehmen, ein Wunder. Sie beeindrucken mich. Gerade deshalb, weil ich selbst bereits über einen nicht vorhandenen wunschgemäßen Kindergartenplatz ins Hadern gerate.

Wenn Dinge nicht so laufen, wie wir es uns wünschen oder wenn wir selbst nicht so sind, wie wir gerne sein würden, dann ist unsere unbewusste Reaktion häufig die, dass wir uns von Gott abwenden. Anstatt mit unseren Herausforderungen und unserer Enttäuschung zu ihm zu rennen, um dort, wo seine Liebe uns empfängt, getröstet zu sein, wenden wir ihm den Rücken zu und bleiben in unserer Not allein.

Dabei weiß Gott doch um uns und unsere Situation. Er kennt uns durch und durch. Er kennt unsere Wünsche, Sehnsüchte und Bedürfnisse. Und er weiß auch um unser tiefes Misstrauen gegen ihn. Ihm ist klar, dass wir selbst nicht in der

Lage sind, unser Land inklusive unserer Grenzen auszuhalten und zu ertragen und am liebsten verändern oder zumindest vertuschen wollen. Gott weiß, dass wir unsere Grenzen nicht als gut und für uns lebensnotwendig betrachten können, sondern dass wir sie um jeden Preis durchbrechen wollen. Er kennt unsere Unfähigkeit, unser Land als gut und wertvoll anzunehmen. Er kennt unsere Schwäche, uns nach dem auszustrecken, was andere haben. Er weiß um all diese Grenzen unseres menschlichen Wesens und er weiß, dass alles in uns rebelliert – wie das schreiende Kind an der Kasse –, wenn wir das, was wir so gerne haben wollen, nicht bekommen können.

Doch wie eine Mutter, die ihr schreiendes Kind an der Kasse nicht verurteilt und tadelt, sondern es liebevoll aus der Verzweiflung *herauslieben* kann und die Not ihres Kindes *aushält*, so hält uns auch Jesus in unserer Verzweiflung und unserer Not um unsere Grenzen aus. Mögen wir ihm auch den Rücken zukehren, er tut es mit Sicherheit nicht. Seine Arme sind immer ausgebreitet, in der Hoffnung, dass wir endlich in sie hineinspringen, wie ein Kind in die liebenden Arme seiner Eltern.

Genau das durfte ich in meinem Ringen in der Kindergartenangelegenheit erfahren. Ich schämte mich für meine Undankbarkeit und mein Hadern, das in mir immer wieder groß wurde. Doch ich durfte erleben, dass er mich damit nicht aufgegeben hat. Selbstverständlich weiß mein Verstand, dass ich immer zu ihm kommen darf, aber mein Herz vergisst das im Alltag schnell wieder. Aber nun erlebte ich erneut, dass ich Gott mit meinen Zweifeln nicht zuwider war, sondern dass er sich geduldig auf meine Fragen und meine damit verbundenen Ängste einließ. Bei ihm war ich in meiner Not verstanden und gesehen, auch wenn sich die Umstände nicht änderten.

Und Gott tut noch mehr. Er nimmt uns nicht nur mit unserem gesamten Land an, sondern er selbst durchbricht alle Begrenzungen, indem er am Kreuz sein Leben für uns gab. Gott selbst überwindet die Grenzen zwischen ihm und uns Menschen, die sich durch unser Misstrauen, also unsere Schuld, manifestiert haben. Und damit durchbricht er sogar unsere stärkste Grenze: Den Tod.

„Hat aber der Ungehorsam eines einzigen Menschen zur Herrschaft des Todes geführt, um wie viel mehr werden dann alle, die Gottes überreiche Barmherzigkeit und seine Vergebung erfahren haben, durch Jesus Christus leben und einmal mit ihm herrschen" (Römer 5,17, Hfa).

Unser Misstrauen gegen Gott, das seit Anbeginn der Zeit in uns Menschen steckt, hätte nur den Tod als Konsequenz, doch die Erlösungstat Jesu spricht uns frei von unserer Schuld, damit wir leben.

Wir gehen häufig davon aus, dass Gott uns in unserer Not wieder stark machen wird, unsere Lebensumstände wieder zum Positiven wendet, uns heilt und wir neue Kraft bekommen, um unabhängig von ihm unser Leben selbst auf die Reihe zu bekommen. Doch ich glaube vielmehr, dass Gott uns gerade dort segnet, wo wir von der Erlösungstat Jesu absolut abhängig sind. Unsere Freiheit liegt vielmehr in der Abhängigkeit zu Gott, als in unserer Unabhängigkeit. Auch wenn das absolut paradox klingen mag.

Und so kommt es vielmehr auf ihn an, der alle Grenzen überwunden hat, als auf uns, weil er unbegrenzt ist.

Das durfte auch eine meiner Ratsuchenden erleben. Sie war das mittlere Kind von insgesamt drei Kindern. Während ihrer ganzen Kindheit hatte sie den Eindruck, dass ihre Geschwister und ihre Eltern mit ausgestreckter und verurteilender Hand auf sie zeigten und sie für alles schuldig machten, was schiefgelaufen ist. Sie war das schwarze Schaf ihrer Familie. Bei ihr lag alles Negative, alles, was nicht gut lief und wofür ein Schuldiger gefunden werden musste. Diese Last bedrückte sie sehr. Sie hielt es nicht mehr aus, diese Bürde noch länger zu tragen. Sie fühlte sich klein, schuldig, verurteilt und verachtet.

Ich bat sie, solch eine Situation mit kleinen Playmobilfiguren symbolisch nachzustellen. Sie wählte sich vier große Playmobilmännchen aus, die sie im Halbkreis aufstellte. Sie standen für ihre Eltern und ihre Geschwister. Auf die andere Seite, auf die all ihre Blicke gerichtet waren, stellte sie sich selbst in Form eines kleinen Playmobilbabys auf. Die Arme der vier Großen waren ausgestreckt und zeigten auf sie.

Ich erzählte ihr, dass Jesus bereits damals in dieser Situation bei ihr gewesen ist, und fragte sie, wo er ihrer Meinung nach wohl stehen würde. Im vorangegangenen Gespräch hatte sie Jesus als ebenso verurteilend empfunden wie ihre Familie. Sie hatte gedacht, dass auch er sie ständig anklagte und ihr das Gefühl gab, nicht auszureichen. Doch dann geschah etwas Unvorhergesehenes.

Sie suchte sich symbolisch für Jesus ein ganz weißes Playmobilmännchen aus und stellte es wie einen Schutzschild ganz dicht vor sich auf. Sein Blick war auf die Ankläger gerichtet und in seinem Rücken stand sie in Form des kleinen Playmobilbabys. Sie hielt einen Moment lang inne und richtete dann noch die Arme der Jesusfigur weit nach hinten, um das Baby einzurahmen.

„Und, wie geht es dir nun, wenn du diese Situation siehst?", fragte ich sie.

„Weißt du", erzählte sie, „mich rührt es an, dass es eigentlich total egal ist, wie groß ich selbst bin, denn es kommt gar nicht so sehr auf mich an. Es kommt viel mehr auf Jesus an. Und der steht ja vor mir. Er hält mich. Hier bin ich geschützt und absolut sicher. Ich bin gehalten und geliebt. Meine Ankläger können mir nichts anhaben, denn bei ihm bin ich geborgen."

Für Jesus ist keine Grenze zu abstoßend. Keine Beeinträchtigung unerträglich. Kein Scheitern ist zu verwerflich und kein Misserfolg zu enttäuschend. Es ist ihm keine Begrenzung zu unangenehm und kein Gedanke zu peinlich. Wir dürfen erleben: Bei ihm bin ich sicher und ich darf so sein, wie ich bin. Hier bin ich *angenommen.*

Der Grenzgänger in uns, der uns dazu bringt, dass wir immer und immer wieder die eigenen Grenzen überschreiten, um die Anerkennung und Achtung unserer Mitmenschen zu erlangen, den hat Jesus *angenommen.* Er hat auch die Sucht, in die wir andauernd wieder verfallen, *angenommen.*

Der Grenzvermeider in uns, der uns ständig weismachen will, dass wir nutzlos und unbedeutend sind und für den wir uns so sehr schämen, dass wir ihn verborgen halten und vertuschen wollen, auch den hat Jesus *angenommen.*

Und er hält uns damit aus. Immer und immer und immer wieder. Gott erwartet nicht von uns, dass wir das Unmögliche möglich machen und uns irgendwie zusammenreißen. Das sind unsere Erwartungen. Er kennt uns und er weiß um unser Ringen. Und so lädt er uns geduldig von Neuem ein, in sein Licht zu treten, mit unserer Not zu ihm zu kommen und ihm unser bedürftiges Herz anzuvertrauen. Das mag anstrengend klingen und manchmal erscheint es auch sinnlos.

Aber es ist nicht sinnlos, denn dort am Kreuz Christi, an dem Ort, wo Gottes Sohn unsere Begrenzungen auf sich genommen hat, erleben wir, dass wir mit unserem Land und den dazugehörigen Grenzen aus*gehalten* sind. Wir treten ins Licht und wir werden zu *Angenommenen.* Wir dürfen lernen, uns und unser Leben mehr und mehr vertrauensvoll in seine Hände zu legen und loszulassen, was wir ohnehin nicht in der Hand halten. Denn im Annehmen unseres Landes können wir erneut zu aktiven Gestaltern unseres Lebens werden. Wir können aus der Passivität, mit der wir glaubten, ohnehin nichts ändern zu können, heraustreten und neu das Ruder in die Hand nehmen. Wir müssen nicht länger Opfer unserer Umstände bleiben, sondern können unserer Angst vor unseren Grenzen in die Augen schauen und entdecken, dass sie ihren Schrecken verlieren.

Es mag sein, dass sich unsere Situation und unsere Umstände nicht verändern, doch wir können verändert werden, denn es kommt nicht so sehr auf uns an, sondern viel mehr auf den, der an unserer Seite steht: Jesus Christus.

Und genau dazu lade ich Sie heute ein. Wenn Sie auf Ihr Land schauen und die Grenzen Ihres Landes betrachten, welche Grenzen kommen Ihnen dann konkret in den Sinn? Vielleicht sind es bestimmte Lebensumstände, die Ihnen zu schaffen machen. Vielleicht fällt es Ihnen auch schwer, sich selbst in Ihrer Persönlichkeit und in Ihrem Aussehen anzunehmen. Sie sind heute eingeladen, mit Ihren Grenzen vor das Kreuz Christi zu treten und ihm Ihre Grenzen hinzuhalten. Ihre Enttäuschung, Ihre Erschöpfung, Ihre Verzweiflung und Ihre Niedergeschlagenheit dürfen Sie vor ihn bringen.

Hier am Kreuz Christi gibt es kein: „Stell dich nicht so an!" Es gibt auch kein: „Nun reiß dich doch zusammen!" Hier am Kreuz sind Sie willkommen mit Ihren Grenzen – so wie Sie sind. Jesus Christus wartet schon auf Sie.

Ich für meinen Teil habe bis heute keine Antwort finden können, warum die Sache mit dem Kindergarten so gelaufen ist, wie sie war. In unserem Leben laufen die Dinge einfach hin und wieder anders als geplant. Doch als ich endlich begann, mit Jesus über mein Hadern zu sprechen, konnte ich darüber ruhig werden. Mir wurde deutlich, dass hinter meinem Hadern eine Angst steckte, dass meine Kinder Mangel erleben könnten. Ich konnte mit Jesus über diese tiefe Angst sprechen und ich durfte erleben, dass sie ihre Bedrohung verlor. Und meine Last, die ich mir selbst auferlegt hatte, weil ich mich innerlich weigerte, diese Umstände so anzunehmen wie sie waren, wurde leichter.

Manchmal ist genau das für uns die größte Belastung, dass wir innerlich dagegen rebellieren, begrenzende Umstände annehmen zu müssen, die wir uns so nie gewünscht hatten. Und es sträubt sich auch alles in uns, unserer eigenen Begrenzung – die aus unserer Persönlichkeit her resultiert oder aus unseren nicht vorhandenen Gaben – in die Augen zu blicken, weil wir sie eigentlich gar nicht sehen wollen.

Doch umso wohltuender und heilsamer ist dann die Begegnung am Kreuz. Denn hier können wir erleben, wie Jesus uns von dieser Last befreit. Er schenkt uns und unserem Leben wieder Würde, gerade dann, wenn wir uns selbst nicht mehr als würdevoll erachten. Deshalb sind wir immer wieder eingeladen, in unserem Ringen um die großen und kleinen Dinge unseres Lebens vor das Kreuz Jesu zu treten, uns von seinen ausgebreiteten Armen umschließen zu lassen und uns zusprechen zu lassen: „Du bist angenommen, so wie du bist."

Dann heißt es nicht länger: „Du musst das *einfach* annehmen." Sondern in Anbetracht des Kreuzes Christi heißt es vielmehr: „Du bist *einfach* angenommen, so wie du bist."

6
Einnehmen

Unsere jüngste Tochter liebt Schuhe. Sie liebt vor allem die Schuhe, die ihr viel zu groß sind. Und so tut sie das, was auch ihre Schwestern gerne gemacht haben: Sie steigt mit ihren Miniaturfüßchen in Papas große Schuhe und freut sich riesig daran, so zu sein wie ihr Vater. Beginnt sie allerdings zu laufen, dann stolpert sie, fällt hin und ist enttäuscht, dass ihr Vorhaben nicht so gut klappt, wie sie will.

Diese Freude an Dingen, die uns so *einige Nummern zu groß* sind, ist uns wohl bis heute nicht verloren gegangen. So wollen wir mit unserem Leben etwas erreichen und darstellen, das uns häufig ebenfalls *ein paar Nummern zu groß* ist. Doch wie meine jüngste Tochter, stehen wir in der Gefahr, dabei ins Wanken zu geraten und zu Boden zu fallen.

Unser Land *einzunehmen* bedeutet, dass wir nicht länger mit viel zu großen Schuhen daherstolpern, sondern dass wir beginnen, uns die Schuhe anzuziehen, die unserer Größe entsprechen.

Dort, wo wir unser Land wahrnehmen und annehmen lernen, beginnen wir gleichzeitig auch schon, unser Land einzunehmen. Wir lernen uns kennen und können immer klarer formulieren, was wir sind und was wir nicht sind. Wir können immer klarer äußern, was wir können und was wir lieber sein lassen sollten. Wir finden heraus, wer wir sind und gewinnen Selbst*bewusstsein*. Im Wahrnehmen und Annehmen unseres Landes vollzieht sich bereits das Einnehmen unseres Landes. Wir werden seine Bürger und kommen immer mehr bei uns selbst an, denn wir erleben, dass wir gehalten und getragen sind.

Jemand, der lernt, sein Land wahrzunehmen, es anzunehmen und sein Land einzunehmen, gewinnt Identität. Er kommt heim in das Land, das eigens für ihn gemacht wurde.

Wir müssen daran erinnert werden, wer wir sind

Unser Leben gestalten zu lernen, mit dem Wissen um unser Land und unsere Grenzen – also um unsere Identität –, ist im Alltag häufig viel schwerer als gedacht. Ich kann mir ganz fest vornehmen, dass ich in der nächsten Mitarbeitersitzung keine neuen Aufgaben übernehme, weil ich merke, dass es mir schon jetzt viel zu viel ist, aber wenn mich alle mit erwartungsvollen Augen anblicken, dann lasse ich mich doch schnell dazu hinreißen, das eine oder andere trotzdem noch zu tun.

Wir können zwar gute Vorsätze fassen und uns fest vornehmen, dass wir ab heute mit unseren Grenzen und unserem

Land anders umgehen, doch leider vergessen wir nur allzu schnell all die guten Gedanken darüber wieder. Sie gehen im Alltag unter. Wir verlieren den Blick für unser Land und stehen doch wieder an unseren Grenzen. Wir vergessen einfach schnell. Viel zu schnell.

Aus diesem Grund ist es wichtig, dass wir daran erinnert werden, wer wir sind und was uns ausmacht. Und am einfachsten und umfassendsten erfahren wir dies bei dem, der uns kennt und der weiß, wer wir sind – bei Gott. Mir hilft dabei immer folgende Geschichte:

Ein König fährt in seiner Kutsche durch eine kalte Winternacht. Er ist gerade Vater eines ganz kleinen und zarten Babys geworden, das lange erwartet und ersehnt war. Er liebt dieses Kind über alles. Sein kleines Baby liegt direkt neben ihm. Warm verpackt und liebevoll versorgt. Doch plötzlich gerät die Kutsche ins Wanken. Eine Achse bricht entzwei. Der Wagen kippt. Die Kutsche stürzt um. König und Königskind fallen in den tiefen Schnee.

In allem Aufruhr um das Wohlergehen des Königs geht das kleine Königsbaby abhanden. Alle suchen verzweifelt nach ihm, doch es bleibt unauffindbar. Räuber, die in dem aufgekommenen Tumult einen großen Beutefang erahnten, hatten sich herangeschlichen, das Baby gefunden und es entführt. Seit diesem Tag wächst das Königsbaby unter ihnen auf.

Der König, sein Vater, sucht weiterhin verzweifelt nach dem Kind, aber es bleibt unauffindbar. Er ist ganz krank vor

Sorge. Mit den Jahren wird das Königskind ein Räuber unter Räubern. Es lernt, sich alles, was es zum Leben braucht, zu erkämpfen. Es lernt, dass nur der Beste siegen kann und der Verlierer leer ausgeht. Es wird verletzt und verletzt selbst. Es erlebt Mangel, Leid und Schmerz. Es hat keinen Schimmer von seiner Herkunft und weiß nicht, dass es ein Leben lebt, zu dem es eigentlich gar nicht bestimmt war. Sein Leben ist hart, kalt und oft auch Angst einflößend.

Aber eines Tages passiert das große Wunder. Der Vater findet sein geliebtes Königskind unter den Räubern wieder. Ein kleines Muttermal macht unmissverständlich deutlich, dass dieses Räuberkind das verloren gegangene Königskind ist. Die Freude des Königs ist unfassbar groß. Er kann sein Glück kaum begreifen. Endlich hat er sein geliebtes Kind gefunden. Der König bringt sein Kind zurück in sein Schloss, zieht ihm neue feierliche Königsgewänder an und überreicht ihm den königlichen Siegelring. Das Kind darf nun in warmen, weichen Betten schlafen und von silbernen Tellern essen. Jeden Tag wird es vom Vater mit großer Freude begrüßt und es spürt, wie sehr es vermisst wurde und wie sehr es geliebt wird.

Wie muss sich das Königskind nun fühlen? Es kann sein Glück kaum fassen. Immer wieder streichelt es die weiche Wäsche seines Königsbettes und springt in die kuscheligen Kissen. Solch ein Bett hatte es nie zuvor gesehen. Es steht häufig in seinem Königsmantel vor dem Spiegel und lächelt sich selbst voll Freude zu: „Ich bin ein Königskind." Es erkundet den königlichen Garten und stellt voll Freude fest, welchen Reichtum es plötzlich besitzt. Was für ein Wunder ist ihm widerfahren. Es mag gar nicht daran denken, was passiert wäre, wenn der Vater es nie gefunden hätte.

Doch es gibt immer wieder Augenblicke, in denen es ganz vergisst, ein Königskind zu sein. Im alltäglichen Leben lässt es vorsichtshalber hin und wieder einen Silberlöffel in der Hosentasche verschwinden oder stopft das kostbare und edle Essen einfach in sich hinein, aus Angst, dass es vielleicht morgen gar kein Essen geben wird. Hin und wieder hat es auch einen sehr barschen und harten Tonfall an sich, den es in seiner rauen Umgebung gelernt hat, und mit dem es nun die Menschen anfährt, die ihm eigentlich liebevoll begegnen. Es gibt auch immer wieder Momente, in denen es an diesem neuen Leben zweifelt.

Besonders in der Nacht überkommt es eine Angst, dass alles doch nur ein Traum sein könnte. Vielleicht hat sich der König vertan und morgen muss es zurück in sein trostloses Räuberleben. Doch schon am nächsten Tag wird klar: Es ist und bleibt ein Königskind, ganz egal, ob es sich so fühlt oder nicht. Nur hin und wieder muss es daran erinnert werden.*

Dieses Königskind sind wir. Gott, unser Vater im Himmel, ist der König. Wir sind unserem himmlischen Vater verloren

---

* Erzählt in Anlehnung an „Die Geschichte vom bettelnden Königssohn" aus dem Buch „Berufung" von Karsten Wagner, Ignis, 2005.

gegangen und leben unser Leben ohne ihn. Wir haben gelernt, uns in dieser Welt zu behaupten und uns unser Recht zu erkämpfen. Wir haben gelernt, unser eigenes Bedürfnis über das der anderen zu stellen und in erster Linie an uns selbst zu denken. Wir haben gelernt, über andere hinwegzugehen und mussten entdecken, dass Menschen uns verletzen und enttäuschen. Wir haben Angst, Not, Leid und Hunger kennengelernt und machen uns ständig Sorgen um all das, was wir zum Leben brauchen.

Aber plötzlich hat unser Vater uns gefunden. „*Du* bist mein verloren gegangenes Königskind!", ruft er uns voll Freude zu. „Ich habe *dich* so schmerzlich vermisst, mein geliebtes Kind!"

Und er jubelt laut und hüpft vor Freude. Er setzt uns eine Krone auf und zeigt uns, wer wir wahrhaftig sind.

Wenn wir an Jesus Christus glauben, dann dürfen wir uns Gottes Kinder nennen: „Die ihn aber aufnahmen und an ihn glaubten, denen gab er das Recht, *Kinder Gottes* zu werden" (Johannes 1,12 Hfa). *Wir* sind sein verloren gegangenes Königskind, und wir dürfen nun unser Räuberleben ablegen und unser königliches Leben annehmen.

Dies ist unsere wahre Identität. Wir sind *Königskinder.*

Als ich ein kleines Mädchen war – ich konnte gerade erst ein paar Sätze sprechen –, spielte ich mit meinen älteren Geschwistern auf unserer Straße. Eine Nachbarin ging an uns vorbei und fragte mich, wer ich sei.

„Ich auch Hirsch", lautete meine stolze und fröhliche Antwort, da mein Mädchenname Hirsch lautete.

Noch Jahre später erzählte mir unsere Nachbarin von dieser kleinen Begebenheit, die sie zum Schmunzeln gebracht hatte. Ich nannte ihr nicht meinen Vornamen, sondern den Namen meiner Familie. Damit stellte ich gleich klar, woher ich stammte und womit ich mich identifizierte.

Wir sind ebenfalls eingeladen, unsere neue Identität durch unsere Zugehörigkeit zu Christus zu beschreiben, daher dürfen wir von uns sagen: „Ich bin ein Kind des himmlischen Königs." Das ist unsere tiefste Identität. Ganz egal, wer wir auch sind, ganz egal, was wir tun, ganz egal, was andere von uns denken, ganz egal, in welche Lebensumstände wir geraten, Christus schenkt uns durch seine wertachtende Liebe Lebens*wert*, denn: „Wir sind *sein*." Dies ist das stabile Fundament unseres Landes, das uns wahrhaftig und unveränderlich trägt. Dies ist der Grund, auf dem wir stehen. Es ist der Bodenschatz, der unser Land bedeutungsvoll und kostbar macht.

Doch wie das Königskind in der Geschichte erleben wir immer wieder Momente, in denen wir vergessen, dass wir gar keine Räuber mehr sind, und es in unserem Leben eigentlich gar nicht mehr darum geht, dass wir sind, was wir leisten, dass wir sind, was wir besitzen und dass wir sind, was andere von uns halten.

An den Punkten unseres Alltags, an denen wir vergessen, wer wir eigentlich sind, in denen uns unser Räuberleben wieder voll und ganz einnimmt und wir uns ausschließlich an unseren Grenzen bewegen, sind wir eingeladen, zu unserem königlichen Vater zu laufen, um uns von ihm zusprechen zu lassen, wer wir sind.

Immer dann, wenn wir unser Selbstwertgefühl allein von unseren Grenzen bestimmen lassen und zulassen, dass unsere Lebensqualität durch unsere Grenzen beeinflusst wird. Immer dann, wenn unsere Grenzen Macht über unser Wertgefühl gewinnen, sind wir eingeladen zu unserem himmlischen Vater zu gehen und uns sagen zu lassen, was uns wahrhaftig ausmacht. Wir dürfen den Grenzvermeider, der in uns steckt und uns einreden möchte, dass wir minder*wertig* und *wert*los sind, eintauschen und uns daran erinnern, dass wir in Gottes Augen längst ein Mensch mit Ansehen sind. Wir dürfen den Grenzgänger, der sich in uns aufbäumt und uns erbarmungslos dazu antreibt, gegen unsere eigenen Grenzen anzukämpfen, um uns unseren Wert zu erarbeiten und *wert*voll zu werden, eintauschen und uns von unserem himmlischen Vater zusprechen lassen, wer wir bereits sind: Geliebte Königskinder.

Denn Gott allein kennt unsere wahre Identität. Er zeigt uns, was uns bereits gehört und welchen Reichtum wir besitzen. Er sichert uns immer und immer wieder zu, wie unendlich geliebt wir sind und wie froh er ist, dass wir nun bei ihm sind.

Er spricht uns auch zum tausendsten Male zu: „Egal, was du gerade tust, denkst oder wie du bist: *Du* bist und bleibst mein geliebtes Königskind."

Und damit wir nicht vergessen, wie sehr uns unser königlicher Vater liebt, hat er uns seine Liebeserklärung gleich schriftlich gegeben. In Römer 8, 38 (Hfa) lesen wir: „Denn ich bin ganz sicher: Weder Tod noch Leben, weder Engel noch Dämonen, weder Gegenwärtiges noch Zukünftiges, noch irgendwelche Gewalten, weder Hohes noch Tiefes oder sonst irgendetwas können uns von der Liebe Gottes trennen, die er uns in Jesus Christus, unserem Herrn, schenkt.“

Wir dürfen unser Leben als Königskind gestalten lernen

Unser Land einzunehmen bedeutet, dass wir die Fülle, die Gott uns als sein Kind und Erbe zur Verfügung gestellt hat, entdecken. Wir beginnen aus dem Reichtum zu schöpfen, den Gott in uns gelegt hat. Daher kann solch eine Landnahme auch nur in der Beziehung zu Gott funktionieren.

Und während wir diesen Reichtum in seiner ganzen Ausdehnung ergründen, bieten uns oftmals gerade unsere Grenzen einen wichtigen Hinweis. Sie können für uns zu einem Schlüssel werden, der uns den Blick für unsere Ressourcen auftut. Unsere Begrenzungen können uns sogar einen Hinweis für unsere Begabungen liefern.

Wenn ich in meinen Alltag schaue, kann ich viele Stellen sehen, an denen ich dies ganz praktisch erlebe, denn dort passiert es mir immer wieder, dass ich mich für viele Dinge und viele Menschen verantwortlich fühle und mir dies zu einer regelrechten Last wird. Anstatt dann nur ausgewählte Dinge zu tun, die für mich auch machbar sind, ziehe ich mich komplett zurück und mache gar nichts. Ich werde zum Grenzvermeider.

Als meine Freundin beispielsweise ihr viertes Kind nur kurze Zeit nach ihrem dritten bekam, war es mir ein Anliegen, sie zu unterstützen. Bei ihren ersten Kindern hatte ich dafür gesorgt, dass ihnen während der ersten Wochen nach der Entbindung täglich Essen gekocht wurde, damit sie sich ausschließlich um ihre Kinder kümmern konnte. Ich wusste, dass sie sich darüber gefreut hatte und fühlte mich nun unter Druck, dies wieder organisieren zu müssen. Doch ich merkte auch, dass es mir einfach viel zu viel war und ich diesen selbst auferlegten Anforderungen gar nicht entsprechen konnte. Es wurde mir unbewusst zu einer großen Last, obwohl niemand diesen Einsatz von mir erwartete.

Ich vermied es, mit meiner Freundin über dieses Thema zu sprechen. Es war wie ein wunder Punkt. Ich wollte sogar lieber gar nicht erst wissen, ob sie gut versorgt waren. Doch nach einem gemeinsamen Telefonat wurde mir mein heimlicher Rückzug bewusst und ich begann mit Jesus über diese Situation zu sprechen. Mir wurde klar, dass ich meine eigenen Grenzen überschreiten würde, wenn ich ihnen täglich ein Essen organisierte.

Aber plötzlich kam mir ein neuer Gedanke. Ich konnte etwas tun, das meiner Situation und meinen Möglichkeiten entsprach: Ich konnte für sie beten. Und das tat ich. Ich bat Jesus, dass er sie versorgen möge und ihnen beisteht.

Meine Freundin wusste nichts von meinen Gedanken, und als ich das nächste Mal mit ihr telefonierte, erzählte sie mir voll Freude: „Weißt du, Georgia, eine Bekannte hatte es plötzlich auf dem Herzen, uns immer mal wieder Essen vorbeizubringen, genauso, wie ihr es bei unseren großen Kindern getan habt."

Ich durfte erleben, was es bedeutet, wenn wir unser Land einnehmen. Meine Grenzen waren erreicht und meine unbewusste Reaktion wäre eigentlich gewesen, dass ich mich zurückzog. Doch im Gebet wurde mir plötzlich klar, welche Möglichkeit mir blieb. Meine Sackgasse entpuppte sich als Zufahrtsweg in mein Landesinneres. Das, was in meinen Möglichkeiten lag, konnte ich einsetzen – ich konnte beginnen zu beten. Diese Option war mir im Vorfeld gar nicht in den Sinn gekommen. Erst im Gespräch mit Jesus wurde mir das Gebet für meine Freundin wichtig. Ich bin immer wieder fasziniert, dass wir einen lebendigen Gott an unserer Seite haben, mit dem wir auch heute noch ganz konkret reden können. Er hatte bereits alles vorbereitet. Er war nicht überfordert, aber ich war es. Und dadurch, dass ich teilhaben durfte an seinem tollen Plan, wurde ich selbst um diese Erfahrung bereichert und wurde beschenkt.

Die Bücher Samuel im Alten Testament, in denen von David berichtet wird, sind voll davon, wie Gott ganz direkt zu den Menschen redet. David fragt Gott immer wieder konkret um Rat. Das Fantastische daran ist, dass Gott ihm auch ganz konkret antwortet. Meine Lieblingsstelle steht in 2. Samuel 5,23-25 (Hfa), als König David durch das Heer der Philister bedroht wird:

Wieder bat David den Herrn um Weisung, und er antwortete ihm: „Greift sie diesmal nicht von vorne an, sondern umgeht sie, und fallt ihnen bei den Balsamstauden in den Rücken. Sobald du in den Wipfeln der Balsamsträucher ein Geräusch wie von Schritten hörst, greif sofort an. Denn dann weißt du, dass ich selbst dir vorausgegangen bin, um das Heer der Philister zu schlagen." David tat, was der Herr ihm befohlen hatte.

Als ich vor ein paar Jahren das erste Mal hörte, dass Gott auch heute noch zu uns sprechen kann, interessierte mich das sehr. Begeistert davon, dass Gott uns so konkret führt und leitet, wollte ich lernen, seine Stimme zu hören und ihm zu folgen. Lange passierte gar nichts und ich vergaß mein Anliegen. Doch eines Tages fuhr ich mit meinem Auto von der Arbeit nach Hause. Und plötzlich kam mir der Gedanke: Fahr bei deiner Tante vorbei.

Doch eigentlich wollte ich nicht. Es erschien mir zu anstrengend, denn ich war gerade vom Tag sehr erschöpft und wusste auch nicht wirklich, was ich ihr hätte sagen sollen. Also legte ich den Gedanken beiseite. Doch danach wurde er immer lauter in mir und ich begann zu beten: „Gott, ist das hier nur meine fixe Idee oder willst du mir etwas sagen? Mach ich mich lächerlich, wenn ich sie besuche? Ist sie vielleicht auch gar nicht zu Hause? Ich komme mir irgendwie blöd vor, nach so langer Zeit ohne triftigen Grund vor ihrer Tür zu stehen." Ich rang mit mir, aber irgendwie ließ es mich nicht los. Ich wusste, ich muss dorthin fahren. Ich muss wissen, ob es nur mein Gedanke ist oder Gott mich führen will.

Als ich schließlich an ihrer Tür stand und klingelte, tat sich zunächst nichts. Ich wollte schon erleichtert nach Hause fahren, als ich plötzlich Schritte hörte.

Die Tür tat sich auf, meine Tante blickte mich mit Tränen in den Augen an und sagte: „Georgia, dich schickt der Himmel."

Ich musste schmunzeln und konterte ihr: „Du hast recht. Ich hatte den Eindruck, dass Gott mich hierher geschickt hat."

Ihr ging es miserabel und sie versuchte seit Wochen, Trost und Hoffnung in der Bibel zu finden. Allerdings konnte sie das, was sie dort las, nicht verstehen. Wir setzten uns also gemeinsam hin, lasen Gottes Wort und ich betete für sie. Gott hatte wieder mal alles vorbereitet und ich führte lediglich seine vorbereiteten Werke aus. Ich brauchte mich nicht zu überanstrengen und meine Grenzen zu dehnen, sondern durfte lediglich Zeugin sein, auf welche Weise Gott seinen geliebten Kindern hinterhergeht und ihnen in ihrer Not begegnet.

Es begeistert mich, wie Gott uns Menschen an seinem Werk beteiligt. Er braucht uns nicht und dennoch bezieht er uns in seine vorbereiteten Werke mit ein. Dieser Moment war für mich ein ganz großes und bedeutsames Erlebnis, denn von da an wusste ich, dass ich diese kleinen fixen Ideen, die mir manchmal in den Kopf kommen, nicht einfach abtun darf, sondern mit Jesus besprechen kann, um sie entweder abzulegen oder anzugehen.

Genau wie bei David braucht es dafür drei Dinge:

1. den Herrn fragen
2. auf ihn hören
3. Mut zum Gehen haben

Den Herrn fragen

„Was soll ich bloß tun, Georgia?", fragte mich eine Bekannte und schaute mich dabei ratlos an. „Ich habe alle Möglichkeiten durchdacht und alle Optionen durchleuchtet, doch ich weiß nicht, was ich tun soll. Was soll ich bloß machen?"

Ich antwortete ihr: „Und hast du Gott gefragt? Was sagt er?"

Es kommt häufig vor, dass ich meinem Gegenüber diese Frage stelle, wenn ich um Rat gefragt werde. Denn ich selbst erlebe es immer wieder, dass ich zwar alle Möglichkeiten durchdacht, alle Dinge abgewogen und alle Freunde um Rat gefragt habe, doch den besten aller Ratgeber, nämlich Gott, habe ich vergessen.

So läuft unser Leben. Wir versuchen erst, all unsere eigenen Möglichkeiten auszuschöpfen und unsere eigenen Optionen durchzugehen. Müssen wir dann entdecken, dass dies alles nicht ausreicht und uns nicht zu unserem Ziel führt, beginnen wir zu beten. Dann erinnern wir uns daran, dass wir zu Gott gehen können, um ihn zu fragen.

„Dann hilft nur noch beten", lautet unser Fazit. Dabei ist unser Gebet doch eigentlich nicht die Notlösung für unsere ausweglosen Situationen, sondern der Beginn, Neuland einzunehmen. Wie oft machen wir es uns mit unseren Entscheidungen wahnsinnig schwer und grübeln und plagen uns mit vielen belastenden Gedanken. Doch wenn wir zu beten beginnen, öffnen sich neue Wege, die wir vorher noch nicht sehen konnten.

Auf ihn hören

Gott zu fragen ist erst der erste Schritt. Damit untrennbar verknüpft, schließt sich der zweite Schritt an: Wir dürfen hören, was er sagt.

Dieses Hören stellt sich häufig sehr viel schwieriger dar. Wir wünschen uns zwar, dass Gott zu uns redet und wollen gerne tun, was er sagt, doch wir halten es häufig nicht aus, auf seine Antwort zu warten. Gerade vor ein paar Wochen rief mich eine Freundin an. Sie wollte für ein paar Tage allein verreisen, um in die Stille zu gehen und mit Gott ins Gespräch zu kommen. Doch je näher diese Tage kamen, umso angespannter wurde sie. „Was passiert, wenn er nicht reden wird? Was geschieht, wenn ich enttäuscht werde und Gott gar nicht erleben kann?", lauteten ihre Fragen.

Still zu werden fordert uns heraus. Stille auszuhalten fällt uns nicht leicht, denn Stille kann sich häufig sehr *laut* anfühlen, weil viele Gedanken in uns groß werden, die wir sonst überhören. Sich auf die Stille einzulassen ist ein Wagnis, denn wir stehen mit leeren Händen vor Gott und sind absolut darauf angewiesen, dass *er* handelt und uns begegnet. Wir haben es nicht selbst in der Hand. Und so neigen wir eher dazu, unsere eigenen Möglichkeiten zu nutzen, als diese Stille auszuhalten. Anstatt still zu werden vor unserem Gott und ihm zu sagen: „Rede, Herr, ich höre", lautet unser Motto viel mehr: „Rede Herr, ich renne schon mal los."

Doch wenn wir unser Land einnehmen wollen und uns danach sehnen, neue Fähigkeiten und Möglichkeiten zu entdecken, die uns einen Hinweis auf unsere Berufung schenken könnten, dann lohnt sich das *Hören*. Und wenn uns das Hören auf Gott allein schwerfällt, dann tut es gut, wenn wir uns mit jemandem zusammentun. Gott hat uns in die Gemeinschaft berufen und uns zugesagt: „(…) wo zwei oder drei versammelt sind in meinem Namen, da bin ich mitten unter ihnen" (Matthäus 18,20, LÜ). Egal auf welche Weise, ob allein oder zu zweit, es lohnt sich, dass wir die Stille aushalten und unsere eigenen Gedanken zur Ruhe kommen lassen, um dann auf das Reden Gottes zu warten. Genau das hat meine Freundin in ihren Einkehrtagen erlebt. Sie ließ sich auf das Wagnis der Stille ein und sie wurde reich beschenkt. Sie kam gestärkt und gesegnet aus dieser Zeit zurück.

Ich weiß nicht, welche Frage für Sie gerade ganz dringlich ist. Ich weiß nicht, welche Entscheidung, welche Not, welche Angst oder welche Sehnsucht Sie treibt, aber ich frage Sie heute: „Haben Sie heute schon Gott gefragt? Und was hat er Ihnen geantwortet?"

Mut zum Gehen haben

Meine Begegnung mit meiner Tante machte mir eines deutlich: Es braucht Mut, sich auf den Weg zu machen, um Neuland einzunehmen. Denn wir riskieren immer wieder, Fehler zu machen und uns womöglich sogar lächerlich zu machen. Doch wir werden nie den Weg in unser Land finden, wenn wir nicht den Mut haben, den ersten Schritt zu gehen.

Vor einigen Jahren wollte ich herausfinden, welche Gaben tatsächlich in mir stecken. Ich liebe es, zu Tanzen. Ich liebe es, mit meinem Körper auszudrücken, was ich fühle und was mich bewegt. Doch bisher tat ich das lediglich für mich ganz allein in meinem Wohnzimmer. Dabei fragte ich mich schon lange: Ist das nicht eine Gabe, die ich auch öffentlich einsetzen sollte? An einem Wochenendseminar meines Fernstudiums wagte ich dann das Experiment. Ich fasste all meinen Mut zusammen und tanzte meinem Kurs das vor, was mir auf dem Herzen lag. Ich tat es einfach.

Danach wusste ich eines: Dies ist eine Leidenschaft, die ich lieber still und heimlich in meinem Wohnzimmer durchführen sollte.

Heute könnte ich laut lachen über meinen Mut, den ich damals gehabt habe. Freundlicherweise waren meine Zuschauerinnen sehr gnädig mit mir. Sie haben mich nicht vernichtet und gaben mir doch zu verstehen, dass meine Gabe ausbaufähig ist. Dinge zu probieren und auszutesten kann bedeuten, dass wir uns lächerlich machen. Wir entblößen uns quasi vor den anderen und geben etwas Intimes von uns preis. Doch wir werden nie wissen, ob eine Gabe zu uns gehört, wenn wir sie nicht ausprobieren. Wir dürfen uns darin von unseren Mitmenschen hinterfragen oder gegebenenfalls auch bestätigen lassen.

Vor einigen Wochen rief mich eine Frau aus unserer Gemeinde an: „Georgia, ich habe den Eindruck, dass ich heute einfach mal zu euch kommen sollte, um dich zu unterstützen. Ich mache so etwas nie, doch irgendwie ließ mich dieser Gedanke nicht los."

Mich hat ihr Mut bewegt. Ihre feine und sehr liebevolle Art hat mich berührt.

Unsere Kinder waren damals über eine längere Zeit hinweg immer wieder krank gewesen und ich empfand unseren Alltag in diesem Moment als sehr anstrengend. Sie hatte den Mut gefasst, auf uns zuzugehen und uns zu unterstützen.

Und doch habe ich ihr Angebot an diesem Tag ausgeschlagen. Mein Mann hatte sich den Nachmittag freigenommen und unsere Familie sehnte sich danach, Zeit miteinander zu verbringen. Ich kann mir vorstellen, dass ihr meine Absage sehr unangenehm war. Sie hatte es gewagt, sich die Blöße zu geben, auch völlig danebenzuliegen und musste nun mit dieser Absage umgehen lernen. So etwas kann ganz schön peinlich sein. Solch eine Situation kann sehr unangenehm sein.

Doch ich habe das anders erlebt. Sie hat es gewagt, sich vor mir zu öffnen. Sie hatte begonnen, auf mich zuzugehen und in Beziehung zu mir zu treten. Durch diese Begegnung mit ihr entstand letztlich eine liebevolle Verbindung zu ihr.

Wir brauchen Mut, um zu erkennen, ob das, was wir gehört haben, Gottes Reden war oder unser eigenes. Gerade für den ängstlichen Grenzvermeider in uns ist dies sehr herausfordernd. Doch es lohnt sich, es zu wagen. Ich weiß heute, dass Gott mich hin und wieder dazu gebraucht, mit Menschen zu beten und sie vor sein Kreuz zu leiten. Meine Aufgabe ist dabei lediglich zu beten. Gottes Aufgabe ist es, dem Menschen dann in seiner Not zu begegnen. Ich kann das nicht machen und ich habe das auch nicht in der Hand. Mit dieser Gabe stehe ich in der absoluten Abhängigkeit zu Gott, denn ich weiß nie, was passieren wird. Ich weiß nicht immer, was in meinem Gegenüber vor sich geht, doch ich habe Erfahrungen gemacht, die mich in dieser Art zu helfen bestätigt haben und mir gezeigt haben, dass meine Begleitung bei ihrem Schritt auf Gott zu für andere Menschen hilfreich und segensreich wurde.

Und so tue ich schlicht und einfach nur das, was mein ist. Nicht mehr und nicht weniger. Es überfordert mich nicht. Es überlastet mich nicht. Es kostet mich nicht zu viel Kraft. Und es fordert allein mein Hören auf Gott und den Mut zu tun, was ich gehört habe. Auf diese Weise lerne ich, mein Land immer mehr einzunehmen.

Denn unser Land einzunehmen bedeutet *nicht*, dass wir wieder erst etwas erreichen und schaffen müssen, das uns neuen Druck auferlegt, sondern dass wir uns, in der Beziehung zu Christus, liebevoll annehmen lernen wie wir sind. Dort wo das geschieht, beginnen wir, unser Land einzunehmen. Der Grenzgänger in uns kommt zur Ruhe.

Wir sind dazu eingeladen, das Leben *einzunehmen*, das uns als Königskind entspricht. Diese Landnahme vollzieht sich darin, dass wir lernen, unser Land innerhalb unserer Grenzen *wahrzunehmen* und *anzunehmen*. Dieser Dreiklang von wahrnehmen, annehmen und einnehmen ist ein immer wiederkehrender Prozess. Es ist ein Heilungsprozess und ein Wachstumsprozess. Und im Letzten wird er sich erst in der Ewigkeit – in der Gemeinschaft mit Gott – endgültig vollziehen. So lange werden uns unsere Grenzen immer wieder herausfordern. Sie werden uns immer wieder reizen, unsere Aufmerksamkeit erregen und uns leider auch weiterhin deutlich machen, wer und was wir gerade *nicht* sind.

Und deshalb sind wir immer wieder eingeladen, unseren Blick auf Jesus zu richten, damit wir erkennen dürfen, wer und was wir sind: seine Königskinder.

7
Altlasten und Schwermüll

So mancher wird, wenn er sich auf die Reise in sein Landesinneres begibt, gleich auf einige Hindernisse stoßen, die ihn von seiner Landnahme abhalten. In einem solchen Fall scheint dann die motivierende Reise schnell beendet zu sein, denn diese Hindernisse wirken so, als könne man sie nicht überwinden. Die Entdeckungstour durch das Landesinnere wird mühsam, anstrengend und zäh und ich kann gut verstehen, wenn sie bald abgebrochen wird.

Doch diese Hindernisse sind ebenfalls Teile unseres Landes. Sie gehören dazu und sind Teile unserer Identität. Ohne sie wären wir nicht die Person, die wir heute sind. Unser Land einzunehmen bedeutet also im übertragenen Sinn, dass wir die Flinte nicht vorzeitig ins Korn werfen und ein Bewusstsein für uns selbst entwickeln. Dadurch werden wir letztlich zu Menschen mit *Selbstbewusstsein*. Doch das erfordert gleichzeitig, dass wir diese Hindernisse, die sich uns in den Weg stellen, verstehen und begreifen lernen.

Manche dieser Hindernisse sind unsere Altlasten. Sie haben ihren Ursprung bereits in unserer Kindheit. Zum einen sind es unsere Verletzungen, die wir schon seit unseren ersten Lebensjahren mit uns herumschleppen und die uns bis heute Schmerzen bereiten. Zum anderen sind es unsere unerfüllten Bedürfnisse, die in unserer Kindheit nicht gestillt wurden und noch immer in uns aufschreien. Solche Altlasten können unter anderem auch bestimmte Sätze sein, die über unserem Leben ausgesprochen wurden und die wir einfach nicht abschütteln können: „Du bist ein Taugenichts."

„Nichts bekommst du auf die Reihe."

„Bei dir läuft nie etwas glatt, immer gibt es Probleme."

Doch neben unseren Altlasten tragen wir auch noch unseren Schwermüll mit uns herum, der ebenfalls zu einem Hindernis werden und uns die Einreise in unser Landesinneres erschweren kann. Diesen Schwermüll haben wir im Verlauf unseres weiteren Lebensweges angesammelt, weil wir erneut verletzt, gekränkt, ausgegrenzt, bloßgestellt oder betrogen worden sind.

Manche dieser Lasten können wir gut benennen, wir wissen um sie und haben Zugang zu ihnen. Doch andere Lasten tragen wir ganz unbemerkt mit uns herum. Wir erachten sie als normal. Irgendwie hat jeder sein Päckchen zu tragen und wir haben uns mit diesem Ballast arrangiert.

Gottes Einladung an uns

Um unseren Ballast zu erkennen, den wir so unbemerkt mit uns herumschleppen, ist es notwendig, dass wir eine Ahnung davon bekommen, wie unser königliches Leben eigentlich aussieht, das Gott sich für uns gedacht hat. Denn wenn wir nicht um den Reichtum unseres neuen Lebens wissen, dann halten wir das, was wir erleben, für normal. Wir leben unser Leben als Räuber, obwohl wir inbrünstig glauben, dass es unser königliches Leben sei.

Um solch einer Verwechslung vorzubeugen, hat Gott uns in der Bibel einige Beschreibungen unseres königlichen Lebens geschenkt. Sie helfen uns, eine Ahnung davon zu bekommen, wie dieses Leben aussehen kann. Ein gesegnetes Leben aus der Fülle unseres Landes.

In 2. Mose 20,12 (NL) finden wir beispielsweise eine dieser vielen Beschreibungen: „*Ehre deinen Vater und deine Mutter*. Dann wirst du lange in dem Land leben, das der Herr, dein Gott, dir geben wird."

Es gibt wohl eine Reihe von Menschen, denen es unendlich schwerfällt, diese Worte aus tiefstem Herzen zu bejahen. Ihre Kindheit und die Beziehung zu ihren Eltern haben sie als schmerzhaft und verletzend erlebt. Sie haben durch ihre Eltern kein gutes Vorbild vorgelebt bekommen. Ihre Herzen sind verwundet und krank. Ihnen wird es schwerfallen, ihre Eltern zu ehren, denn der Schmerz um die Verletzungen, die ihnen zugefügt wurden, steckt tief in ihren Herzen. Sie werden zu einer großen Last, unter der manch einer beinahe zerbricht.

Ich wurde einmal Zeugin von einer Unterhaltung zwischen drei Schwestern, die bereits alle über siebzig Jahre alt waren. Die eine warf der anderen in verletzender Weise vor: „Unsere Mutter hat dich immer bevorzugt. Sie hat dich mehr geliebt als mich."

Welcher Schmerz muss über all die langen Lebensjahre in ihrem Herzen gesteckt haben, dass sie diese Worte, auf diese Weise, nach so langer Zeit formulierte. Ihr ganzes Leben trug sie diese schmerzvolle Last mit sich herum, vielleicht sogar ganz unbemerkt.

Ich erlebe es immer wieder, dass solche Bibelstellen als Ballast erlebt werden. Diese Worte werden zu Messlatten, die vermeintlich erst erreicht werden müssen, um Gott zu gefallen, und die uns aufzeigen, was und wie wir *noch* nicht sind. Das setzt uns unter Druck und ärgert uns.

Aber ich verstehe sie anders. Ich verstehe sie als Einladung zu unserem königlichen Leben, das Gott für uns vorgesehen hat:

Gott lädt uns dazu ein, ein Leben zu führen, in dem wir Vater und Mutter ehren *dürfen*, frei von Groll gegen unsere Eltern, den wir oft jahrelang mit uns tragen und der uns zu einer unerträglichen Last werden kann. Er lädt uns ein, *dieses* königliche Leben anzunehmen.

Und damit wir dieses königliche Leben annehmen können, dürfen wir all das, was uns davon abhält – all unsere Verletzungen, unseren Schmerz und unsere Wunden – bei Gott abladen. Wir dürfen *gerade* mit unseren Lasten und unserer Not vor unseren himmlischen König treten, um aus unserer Isolierung und unserer Eigenbrötelei herauszutreten. Dies kann durchaus eine längere und schmerzhafte Angelegenheit sein.

Doch in der Begegnung mit ihm werden unsere Hindernisse, die uns unüberwindbar erscheinen, zu Türen, durch die wir hindurchgehen können, um unser Land einzunehmen. Gott kann unseren Müll in Kapital verwandeln, mit dem wir anderen zum Segen werden können. Denn durch das, was wir erlebten, sind wir letztlich die besten Fachleute auf unserem Gebiet. Plötzlich kann das, was wir als Last empfinden, zum Segen werden.

Ich habe es schon oft erlebt, dass Gott *gerade die* Verletzungen, Wunden und Schmerzen, die wir in seine Hände gelegt haben, nutzt, um mit ihnen anderen zu helfen. Am Anfang meiner Beratertätigkeit habe ich es selbst häufiger erfahren, dass Gott gerade die Menschen zu mir schickte, die genau die gleichen Herausforderungen und Verletzungen durchlebten, wie ich sie erlebt hatte. Indem ich ihm mit meinen Wunden begegnet bin, konnte ich ein Segen für andere werden.

Geteilte Last ist halbe Last

Eine Last allein zu tragen, ist so viel schwerer, als sie mit jemandem gemeinsam zu tragen. Daher ist es eine große Hilfe, wenn uns andere Menschen beim Tragen unserer Lasten unterstützen. Dies können Seelsorger, Berater, Pastoren oder einfach gute Freunde sein.

Ich habe vor einiger Zeit den Begriff der *Seelsorge* für mich erst wieder neu entdecken müssen. Heute liebe ich dieses Wort, denn es beschreibt so treffend, was in der Beratung geschieht: Wir lassen für unsere *Seele sorgen.* Wir investieren so viel Zeit, Geld und Aufwand in Friseur, Sportstudio, Pediküre, Maniküre, Kosmetikerin, die nächste Diät und ins Shoppen neuer Klamotten. Doch unsere Seele beachten wir häufig viel zu wenig und lassen sie regelrecht verkümmern, dabei ist sie doch die Quelle unseres Lebens.

In solch einer Seelsorge treten wir gemeinsam mit einem Seelsorger oder einer anderen Person unseres Vertrauens in die Begegnung mit Gott, um mit ihm unsere Lasten und unsere Not zu teilen. Das Problem ist dabei meistens nicht unbedingt diese Last, sondern die Tatsache, dass wir mit ihr allein bleiben.

Ich erlebe es sehr häufig, dass Ratsuchende solch eine Beratung als befreiend und wohltuend empfinden. Es tut einfach gut, wenn wir mit unseren Gedanken, Sorgen und Verletzungen nicht länger allein sind. Es tut gut, wenn wir mit jemandem gemeinsam beten können und es tut gut, wenn wir uns von anderen zusprechen lassen dürfen: „Du bist geliebt, so wie du bist, denn du bist ein Königskind unseres himmlischen Vaters."

8
Das Ausland

„Toll, wie du das gemacht hast. Ich freu mich riesig für dich."

Haben Sie solch einen Satz schon einmal zugesprochen bekommen? Oder haben Sie solch einen Satz schon einmal einer anderen Person zugesprochen?

Geteilte Last ist halbe Last, doch *geteilte Freude ist doppelte Freude.* Sich von Herzen an dem zu erfreuen, was den anderen freut, ist eine wertschätzende Geste, und zu erleben, dass sich jemand voll Freude mit uns freut, ist ein großartiges Geschenk. Es verbindet uns miteinander und schafft Nähe.

Doch manchmal fällt uns gerade das gar nicht so leicht. Das Land der anderen – also das Ausland – ist uns hin und wieder eher ein Dorn im Auge. Wenn die eigene Freundin erfolgreich abgenommen hat und nun endlich in Hosengröße 40 passt, wir selbst jedoch nicht annähernd so erfolgreich waren und uns noch immer mit Größe 46 abgeben müssen – dann ist das Mitfreuen nicht so einfach. Oder wenn die liebe Kollegin immer erfolgreicher in ihrem Job ist und Anerkennung und

Achtung entgegengebracht bekommt, während wir selbst nie Lob und Achtung erfahren haben – dann ist das Mitfreuen gar nicht so leicht. Vielleicht gelingt uns nach außen hin noch ein freundliches Schulterklopfen, doch innerlich kann es uns ganz schön zermürben.

Dort, wo es uns schwerfällt, unser eigenes Land so anzunehmen, wie es ist, da fällt es uns auch schwer, unsere Mitmenschen anzunehmen, wie sie sind. Dort, wo wir unsere eigene Begrenzung nicht ertragen können, wird es für uns unerträglich zu erleben, wie andere das erreichen, wonach wir uns so sehr sehnen. Deutlich wurde es mir, als mein Mann und ich uns verlobten. Es gab Menschen in unserem Umfeld, denen unser Glück eine große Last bedeutete. Sie zogen sich zurück und hielten sich von uns fern. Zu Beginn irritierte mich ihr Verhalten, doch dann konnte ich ihre Zurückhaltung und ihren Rückzug verstehen. Sie konnten unser Glück nicht ertragen, weil sie sich selbst so sehr danach sehnten, einen Partner an ihrer Seite zu haben.

Die Grenzen unseres Landes, die uns davon abhalten, unser eigenes Land einzunehmen, hindern uns auch daran, unsere Mitmenschen anzunehmen, wie sie sind. Mit dem Ergebnis, dass unsere Beziehungen unter Spannung geraten. Sie werden ungesund und womöglich auch verletzend. Wir mussten nach unserer Verlobung erleben, dass manche unserer Beziehungen sogar abbrachen.

Lernen wir jedoch unser Land immer mehr einzunehmen und unser Land mit unseren eigenen Grenzen anzunehmen, werden wir gleichzeitig immer mehr in der Lage sein, das Land der anderen anzunehmen und uns auch an diesem zu erfreuen.

Aber es ist noch ein wenig mehr, als nur ein *Gönnenkönnen,* denn dort, wo wir uns nach der Anerkennung, Wertschätzung und Liebe unserer Mitmenschen sehnen und unser Selbstbild von der Meinung anderer abhängig machen, geraten wir in eine Abhängigkeit zu unseren Mitmenschen.

Vor einiger Zeit fand die Echo-Preisverleihung statt, in der viele Musiker geehrt wurden. Während ich diese Preisverleihung am Fernsehen verfolgte, fiel mir ein Unterschied zwischen den einzelnen Musikern auf. Zum einen gab es diejenigen, die einfach gerne Musik machten, unabhängig von ihrem Erfolg. Die Musik stand im Vordergrund. Zum anderen gab es aber auch die Musiker, die um ihre Karriere und damit um ihr Ansehen kämpften. In ihren Ansprachen wurde deutlich, wie abhängig sie von der Bewunderung ihrer Fans waren. Es hatte den Anschein, dass es ihnen weniger um ihre Musik, als vielmehr um ihre Bedeutsamkeit ging und so biederten sie sich bei ihrem Publikum beinahe an.

Doch machen wir unseren Wert vom Urteil unserer Mitmenschen abhängig, liegt unserer Beziehung zu unseren Mitmenschen immer eine Erwartungshaltung zugrunde: „Werde *ich* gut bei XY wegkommen?" Unser Gegenüber dient uns dann dazu, dass wir uns gut und wertvoll fühlen. Damit *gebrauchen* wir unsere Mitmenschen regelrecht zur Befriedigung unserer eigenen Bedürfnisse.

Doch je bewusster uns unser Land wird und je bewusster wir es wahrnehmen und annehmen können – also je *selbstbewusster* wir sind –, desto weniger stehen wir in der Abhängigkeit vom Urteil anderer. Wir erlangen unsere Freiheit zurück und auf diese Weise können wir Beziehungen genießen lernen.

Besonders große Auswirkungen hat das natürlich auf unsere engsten Beziehungen, beispielsweise unsere Ehe. Unser Partner muss nicht länger verantwortlich sein, damit wir uns gut fühlen. Unser Partner ist nicht länger für unser Glück oder unser eigenes Wertgefühl verantwortlich.

Wie oft erlebe ich Frauen in der Beratung, die darunter leiden, dass ihre Ehemänner ihnen zu verstehen geben, dass sie dafür sorgen sollen, noch attraktiver und noch schöner zu werden, weil ihre Schönheit sie selbst aufwertet. Und wie oft erlebe ich es, dass Beziehungen unter Spannung geraten, weil die Erwartungen untereinander unerreichbar werden. Der eine kann es dem anderen einfach nicht recht machen. Immer gibt es etwas zu kritisieren, denn der Partner muss nicht nur den eigenen Maßstäben entsprechen und seinem Anspruch genügen, sondern beides auch noch für sein Gegenüber übertreffen. Solche Erwartungshaltungen an den Partner sind irgendwann unerträglich.

Mein Mann und ich haben in unserem letzten Urlaub eine Entscheidung für unsere Ehe getroffen: Jeder von uns ist dafür verantwortlich, seine Sehnsucht nach Liebe, Annahme und Wertschätzung in Gottes Gegenwart versorgen zu lassen. Das klingt größer als es ist, denn ganz konkret sieht das für mich so aus: Ich kenne es sehr gut, dass ich dort, wo ich unsicher und unzufrieden mit mir selbst werde, meine Unzufriedenheit an meinem Mann auslasse. Ich beginne ihn mehr und mehr zu kritisieren und sehne mich doch gleichzeitig danach, von ihm gehalten und geliebt zu werden, um wieder Sicherheit zu gewinnen. Das ist ein immer wiederkehrendes Muster.

Doch genau an den Punkten, an denen ich dieses Muster *wahrnehme*, kann ich meine eigene Bedürftigkeit dahinter erahnen und probieren, damit verantwortungsvoll umzugehen. Ich kann einlenken und mit meiner Bedürftigkeit in Gottes Gegenwart treten. Nicht immer, aber immer dann, wenn es mir deutlich wird. Und dann erzähle ich ihm von meiner Unzufriedenheit und meiner Unsicherheit und erlebe seine Annahme. Ich darf mich daran erinnern lassen, wer ich in seinen Augen bin, um mit diesem Wissen in die Begegnung mit meinem Mann zurückzukehren.

Diese Momente sind kleine *Zeiträume*, vielleicht ein kurzer Spaziergang oder auch nur einmal ein kurzes Luftholen. Ich schreibe gerne und so versuche ich dann auch, mir Zeit zu nehmen, in der ich mich mit meinem Tagebuch und meiner Bibel hinsetzen kann, um mir alle Gedanken aus dem Kopf zu schreiben und auf diese Weise zu beten. Ich gehe dann verändert aus diesen Begegnungen mit Gott hervor und diese Veränderung hat letztlich auch Einfluss auf unsere Ehe.

Die Entscheidung, die mein Mann und ich getroffen haben, ist deshalb vielmehr unsere gegenseitige Ermutigung,

Zeit mit unserem himmlischen Vater zu verbringen, der uns immer wieder sagen kann, wer wir *eigentlich* sind.

Wir erleben, dass es uns auf diese Weise leichter fällt, die Stimmung des anderen zu ertragen. Es fällt uns leichter, den tausendundeinen Fehler zu ertragen und nicht über den anderen zu urteilen, denn das Verhalten unseres Partners nimmt keinen Einfluss auf unser Land, es wertet uns nicht ab. Wir werden konflikt- und kritikfähiger und gewinnen Respekt und Achtung füreinander zurück.

Lernen wir unser eigenes Land mit unseren Grenzen wahrzunehmen und anzunehmen, dann können wir das Land der Menschen, die uns nahestehen – egal, ob es unser Ehepartner ist, unsere Freunde oder Menschen, denen wir begegnen – mit den entsprechenden Grenzen ebenfalls wahrnehmen. Wir lernen sie immer mehr so anzunehmen, wie sie sind. Wir beginnen sie neu kennenzulernen und erhalten ein Bewusstsein für ihr Land.

Auf diese Weise entsteht eine neue Qualität von Beziehung. Gebrauchen wir unser Gegenüber, um unser eigenes Wertgefühl zu steigern, dann leben wir egozentrisch. Im Letzten leben wir dann eine Beziehung, die allein auf unsere eigenen Bedürfnisse ausgerichtet ist. Doch lernen wir unser Land einzunehmen, dann sind wir in der Lage, von uns wegzuschauen und unser Gegenüber zu erkennen. Wir wissen um unseren Reichtum und unseren Wert und können aus einer Freiheit heraus dem Land des anderen begegnen und auf ihn zugehen.

Von Gott, unserem königlichen Vater, wahrgenommen und verstanden, lernen wir, andere wahrzunehmen und zu verstehen. Wir beginnen unsere Mitmenschen mit ihren Möglichkeiten und ihren Grenzen anzunehmen. Jemand, der lernen musste, mit sich selbst barmherziger zu werden, der wird auch barmherziger mit seinen Mitmenschen umgehen. Von Gott, unserem königlichen Vater, angenommen und geliebt, lernen wir auch andere anzunehmen und zu lieben. Auch die, die nicht gleich auf den ersten Blick liebenswert erscheinen.

So wird aus unserer Bedürftigkeit ein Segen.

Nachwort

Vielleicht haben Sie sich anfangs auf mein kleines Experiment eingelassen, Ihr eigenes Land einmal aufzumalen. Dann werfen Sie noch einmal einen Blick darauf. Vor Ihnen liegt nun Ihre ganz persönliche Kreation. Ihr Land ist ganz individuell. Es ist ein Unikat.

Worin sich Ihr Land jedoch nicht von den anderen unterscheidet, ist die Tatsache, dass es Grenzen hat. Jedes Land hat Grenzen. Ohne sie sind wir quasi gar nicht existent. Eigentlich haben unsere Grenzen für uns eine ganz lebensnotwendige Bedeutung, denn sie verleihen unserem Leben einen wichtigen Rahmen und schützen uns. Doch oftmals nehmen wir unsere Grenzen alles andere als positiv wahr.

Allerdings erlebt jeder seine Grenzen anders. Der eine wird zum Grenzgänger, weil ihm sein eigenes Land viel zu klein ist und er sich nach viel Größerem ausstreckt. Dabei steht er jedoch in der Gefahr, sich maßlos zu übernehmen und sich selbst zu schwächen.

Der andere wird eher zum Grenzvermeider, weil er sein eigenes Land ebenfalls als viel zu klein empfindet, sich jedoch im Unterschied zum Grenzgänger immer mehr zurücknimmt. Er traut sich selbst nicht so viel zu und neigt dazu, mutlos und zurückhaltend zu werden.

Ganz egal, ob wir eher den Grenzvermeider oder den Grenzgänger in uns erleben, wir dürfen uns daran erinnern, dass innerhalb unserer Grenzen noch ein Land liegt, das entdeckt werden will.

Dieses Land hat Gott, unser Schöpfer, für uns bereitet. Das Fundament dieses Landes ist seine große Liebe, die er uns in Jesus Christus zuteilwerden ließ. Seine Liebe ist daher der große Bodenschatz unseres Landes. Diesen Schatz dürfen wir mehr und mehr heben, um zu erleben, wie wertvoll er unser Leben macht.

In Ihrem Land liegt ein großer Schatz verborgen. Vielleicht können Sie ihn heute noch nicht erahnen, aber ich hoffe, dass dieses Buch Ihnen einen kleinen Vorgeschmack bereitet hat, damit Sie sich weiter auf die Entdeckungsreise in Ihr Landesinneres begeben können, um ganz bei sich selbst anzukommen und gleichzeitig auch ganz bei Gott.

Als ich anfing, dieses Buch zu schreiben, habe ich mich selbst immer wieder gefragt, ob ich das in meiner momentanen Lebenssituation wirklich zu Ende bringen kann. Ich wollte nicht über Grenzvermeider und Grenzgänger schreiben, wenn ich selbst nicht in der Lage bin, meine Grenzen wahrzunehmen und sie anzunehmen.

In meinem Alltag wurde ich immer wieder darin herausgefordert, ob das, was ich schreibe, auch meiner Lebensrealität entsprach. Es gab Momente, in denen mir alles viel zu viel wurde und ich spürte den Grenzgänger in mir, der seine Grenzen gefährlich dehnte.

Zum anderen gab es aber auch genug Momente, in denen der Grenzvermeider in mir laut wurde: „Lass es lieber bleiben! Hör auf!“ Und ich stand in der Versuchung, alles hinzuwerfen und dieses Projekt auf Eis zu legen.

Das Thema Grenzen und der Umgang mit ihnen ist mein Thema. In mir steckt die Grenzgängerin und auch die Grenzvermeiderin. Und so schreibe ich dieses Buch nicht als jemand, die fertig ist mit diesem Thema, sondern als jemand, die mittendrin steckt. Ich bin auf dem Weg. Unfertig, unperfekt und lernfähig.

Doch eines ist mir noch einmal ganz neu deutlich geworden: Es geht nicht darum, dass ich mit aller Kraft versuche, nie wieder meine Grenzen zu überschreiten oder mich von ihnen ausbremsen zu lassen. Es geht nicht darum, dass ich das Einnehmen meines Landes erreichen muss, sondern es geht vielmehr darum, dass Gott mich immer – egal, wie ich bin, was ich getan habe, in welchen Lebensumständen ich stecke, wie ich mich fühle und was ich oder andere von mir denken – willkommen heißt.

Seine Arme sind immer für uns ausgebreitet. In seiner Gegenwart dürfen wir erleben, dass wir angenommen und (aus) gehalten sind. Und in der Beziehung zu ihm beginnen wir, unser Land einzunehmen – wir erlangen Identität – denn wir dürfen endlich so sein, wie wir ohnehin sind.

Dazu kam mir vor ein paar Tagen folgendes Gedicht in den Sinn und ich schrieb es nieder:

Geliebt durch seine Liebe.
Gehalten und geschützt.
Getragen und getröstet.
Ich bin.

Geheilt durch seine Gnade.
Gesehen und geschätzt.
Gekannt und gerettet.
Ich bin.

Geborgen durch seinen Frieden.
Ganz sicher und gestützt.
Gefeiert und geachtet.
Ich bin.

Denn *seine* Liebe leuchtet
und *seine* Gnade strahlt.
Seine Sehnsucht nach mir macht deutlich:
Sein bin ich nun mal.

Und als sein Kind ist es mir eine Freude, Zeugin seiner großer Liebe zu sein. Ich bete, dass Sie Ihr Land mit den wertvollen Verheißungen Gottes immer mehr einnehmen, um Ihr königliches Leben anzunehmen, das er für Sie bereithält. Unser gemeinsamer Herr, Jesus Christus, möge Sie darin segnen und bewahren.